KYNOS RATGEBER
BORDER COLLIE

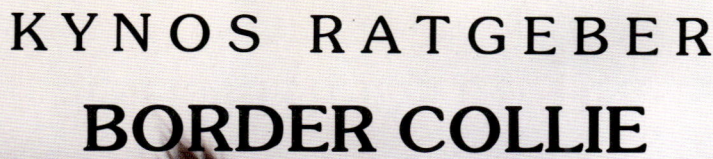

Adrienne McCleavy

KYNOS VERLAG

INHALTSVERZEICHNIS

RASSESTANDARD FCI: BORDER COLLIE 3
ÜBER DIE AUTORIN...5
KAPITEL 1: EINFÜHRUNG DES BORDER COLLIE..................................6
KAPITEL 2: KAUF EINES BORDER COLLIE...11
KAPITEL 3: HALTUNG UND PFLEGE..25
KAPITEL 4: ERZIEHUNG..35
KAPITEL 5: RICHTIGES KANALISIEREN DES
               ARBEITSINSTINKTS..47
KAPITEL 6: ZUCHT..59
KAPITEL 7: GESUNDHEITSFÜRSORGE 67

© 1996 KYNOS VERLAG Dr. Dieter Fleig GmbH
Am Remelsbach 30 - D-54570 Mürlenbach/Eifel
Telefon: 06594/653 - Telefax: 06594/452

ISBN-Nr.: 3-929545-38-1

© Englische Originalausgabe
Ringpress Books Limited
Lydney, 1996

Druck und Herstellung: Ringpress Books Ltd. Lydney

Übersetzung: D. und H. Fleig

Das Werk einschließlich aller seiner Teile ist urheberrechtlich geschützt. Jede Verwertung außerhalb der engen Grenzen des Urheberrechtsgesetzes ist ohne schriftliche Zustimmung des Verlages unzulässig und strafbar. Das gilt insbesondere für Vervielfältigungen, Übersetzungen, Mikroverfilmungen und die Einspeicherung und Verarbeitung in elektronischen Systemen.

Rassestandard der FCI: BORDER COLLIE
FCI-Standard Nr. 297, Fassung vom 08.09.1988
Ursprungsland: England, Klassifikation: Gruppe I (Schäferhunde)

ALLGEMEINES ERSCHEINUNGSBILD: Die allgemeine Erscheinung soll die eines gut proportionierten Hundes sein, wobei die geschmeidigen Außenlinien Qualität, Anmut und vollkommene Harmonie in Verbindung mit genügend Substanz zeigen, wodurch der Eindruck entsteht, daß der Hund zu ausdauernder Leistung fähig ist. Jegliche Tendenz zu Plumpheit oder Schwäche ist unerwünscht.
WICHTIGE MASSVERHÄLTNISSE (Proportionen): Oberkopf und Nasenrücken etwa gleich lang. Der Körper soll im Vergleich zur Schulterhöhe etwas länger sein.
VERHALTEN UND CHARAKTER: Aufgeweckt, aufmerksam, führig und intelligent, weder nervös noch aggressiv.
KOPF - OBERKOPF: Schädel ziemlich breit, Hinterhauptshöcker nicht ausgeprägt. Stop: Sehr ausgeprägt.
GESICHTSSCHÄDEL: Nase: Schwarz, außer bei braunen oder schokoladefarbenen Hunden, wo sie braun sein darf. Bei blauen Hunden sollte sie schieferfarben sein. Nasenlöcher gut entwickelt. Schnauze: Fang, sich zur Nase hin verjüngend, mäßig kurz und kräftig. Backen: Weder voll noch abgerundet. Zähne und Kiefer: Kräftig mit einem perfekten, regelmäßigen und vollständigem Scherengebiß, d.h. ein Gebiß, bei dem die Schneidezähne des Oberkiefers knapp über die Schneidezähne des Unterkiefers greifen, wobei sie senkrecht zum Kiefer gestellt sind. Augen: Weit auseinanderstehend, oval, von mittlerer Größe und braun, außer bei Blue Merles, wo ein Auge oder beide teilweise oder ganz blau sein dürfen. Ausdruck sanft, aufgeweckt, aufmerksam und intelligent. Ohren: Ohren von mittlerer Größe und Textur, weit auseinanderstehend, aufrecht oder halb aufrecht getragen, ausdrucksvoll beweglich.
HALS: Von guter Länge, kräftig und muskulös, leicht gewölbt, zu den Schultern hin breiter werdend.
KÖRPER: Körper von athletischem Aussehen. Brust: Tief und ziemlich breit. Rippen gut gewölbt. Lenden: Muskulös, aber nicht aufgezogen. Kruppe: Breit und muskulös, von der Seite gesehen anmutig zum Rutenansatz hin verlaufend. Rute: Mäßig lang, mit ihrem letzten Wirbel mindestens bis zum Sprunggelenk reichend, tief angesetzt, gut behaart, mit einem Aufwärtsschwung am Ende, der die anmutige Außenlinie und Harmonie des Hundes abrundet. Im Erregungszustand kann die Rute höher, aber nie über dem Rücken getragen werden.
GLIEDMASSEN: Vorderhand: Vorderläufe von vorne gesehen parallel, Fesseln von der Seite betrachtet leicht schräggestellt. Knochen kräftig aber nicht grob. Schultern gut zurückgelegt, Ellenbogen dicht am Körper anliegend. Pfoten: Pfoten oval, Ballen gut gepolstert, kräftig und gesund, Zehen gewölbt, eng aneinanderliegend, Krallen kurz und kräftig. Hinterhand: Oberschenkel lang, kräftig und muskulös, mit gut gewinkelten Kniegelenken und kräftigen tiefliegenden Sprunggelenken. Vom Sprunggelenk bis zum Boden starker Knochenbau. Hinterbeine von hinten gesehen parallel.
GANGWERK: Die Bewegung soll frei, fließend und unermüdlich sein, wobei die Pfoten möglichst wenig abgehoben werden, damit sich der Hund schleichend und mit großer Geschwindigkeit bewegen kann.
HAARKLEID: Beschaffenheit des Haares: Zwei Fellvarietäten sind anerkannt, eine mäßig lange und eine stockhaarige. Bei beiden Varietäten ist das Deckhaar dicht und von mittlerer Textur, Unterwolle weich und dicht, was dem Border Collie einen wetterfesten Schutz verleiht. Bei der mäßig langen Fellvarietät bildet das reichliche Haarkleid Mähne, Hosen und Fahne. An Gesicht, Ohren, Vorderläufen (ausgenommen Federn) und Hinterläufen vom Sprunggelenk bis zum Boden soll das Haar kurz und glatt sein. Farbe: Eine Vielfalt von Farben ist erlaubt, wobei weiß nie vorherrschen soll.
GRÖSSE: Idealhöhe: Rüden 53 cm, Hündinnen etwas weniger.
HODEN: Rüden müssen zwei äußerlich normale, gut in den Hodensack abgestiegene Hoden aufweisen.
FEHLER: Jede Abweichung von den genannten Punkten soll als Fehler angesehen werden, wobei deren Gewichtung der Schwere des Fehlers Rechnung tragen soll.

Über die Autorin

Über ihr ganzes Leben war Adrienne McCleavy über verschiedene Hunderassen mit Zucht, Ausbildung und Ausstellung beschäftigt, danach nahm sie aber ihre Begeisterung für Border Collies gefangen. In allen Fragen der Erziehung hat sie einen breiten Erfahrungsschatz. Erfolgreich trat sie mit selbst ausgebildeten Hunden in Unterordnung, Agility, Flyball und Arbeitsprüfungen an. Bluealloy Tarn und Bluealloy Tarak sind beide Inhaber der *Gold Utiliy Award* des Midland Border Collie Club, auch sind beide Hunde Inhaber der *Anglo American Trained Dog Award*. Über viele Jahre bildet Adrienne Hundebesitzer aus, hat sich spezialisiert, Liebhaber-Hundebesitzern bei Verhaltensstörungen besonders hilfreich zu sein. Sie hat ein eigenes Team aufgebaut, das Demonstrationen in Unterordnung, Agility und Flyball durchführt.

Anerkennung

Vor allem möchte ich meinem lang leidenden Ehemann Bob danken, er hat mich und meine Hunde über zweiunddreißig Jahre liebevoll betreut. Dank auch an meine Tochter, Pam Bolus, für das Lesen des Manuskriptes, an Barbara Swann, die mich vor vielen Jahren mit dem Border Collie vertraut machte. Dank an John Sellers, Carol Ann Johnson und meinen guten Freund Bryan Turner, die mir so hervorragende Fotos zur Verfügung stellten. Abschließend möchte ich auch noch den Kennel Clubs in Australien, Neuseeland und Kanada meinen Dank aussprechen.

FOTOSEITE 4: *Der Border Collie ist ein herausragender Arbeitshund, heute auch einer der beliebtesten Familienhunde in der ganzen Welt.*   *Foto: John Sellers.*
UNTEN: *Bluealloy Tarn und Bluealloy Tarak im Besitz von Adrienne McCleavy.*
Foto: Bryan Turner

Kapitel 1
EINFÜHRUNG DES BORDER COLLIE

HERKUNFT Zuerst dienten Hunde dem Menschen als Schutz gegen wilde Tiere. Später wurde diese Schutzfunktion auf Haus und Vieh erweitert. Bei einem so engen Zusammenleben des Menschen mit Hunden und anderen Haustieren ergab sich zwangsläufig, die natürlichen Instinkte des Hundes zu nutzen und weiter auszubauen.

Die ältesten Hinweise über arbeitende Schäferhunde - oder Border Collie - stammen nach jetzigem Wissen aus dem Jahre 1570. Damals schrieb Dr. John Caius, Leibarzt von Queen Elisabeth I das Buch *Treatise on Englishe Doggess*. Dabei beschreibt er ziemlich genau die Arbeit des Border Collies in all seinen Reaktionen auf Stimme und Pfiffe seines Herrn, um die Schafe zu treiben und zu hüten, wir finden dabei keinen Hinweis auf den Hundetyp. Seine Darlegungen bestätigen nur die hohe Arbeitsleistung dieser Hunde an der Schafherde.

Im 18. Jahrhundert gibt es viele Hinweise auf Collie-typische Hunde, die von den Schäfern in Schottland eingesetzt wurden. Diese Hunde arbeiteten mit Schafherden in den Tälern und Gebirgen der Grenzregionen von Schottland, England und Wales. Daraus entstand der Name *Border Collie*.

DER ALLZWECKSCHÄFERHUND Körperbau wie Charakter des Border Collies wurden nur mit einem einzigen Ziel vor Augen geschaffen - alle Arbeiten beim Schafehüten optimal zu erfüllen. Nur wenn der Hundebesitzer weiß, die natürlichen Hüteinstinkte dieser Rasse zu nutzen, kann er auch das Verhalten des Border Collies als Familienhund verstehen, und dadurch gewinnt er eine viel bessere Beziehung zum eigenen Hund.

Die Anatomie des Border Collies entstand mit dem Ziel, optimal seine Aufgabe beim Hüten der Schafe zu erfüllen. Diese Aufgabe ist auch Grundlage des Rassestandards, die schriftlich niedergelegten Anforderungen an einen rassereinen Border Collie. Nachstehend einige Erläuterungen zu den Standardanforderungen an den Border Collie:

KOPF: Zwischen den Ohren breit, zwischen Oberkopf und Fang ausgeprägter Stop, Oberkopf und Fang von gleicher Länge. Ein guter Kopf ist immer wichtig, denke daran, der Kopf birgt das Gehirn.
AUGEN: Breit voneinander angesetzt, oval, von mäßiger Größe, im allgemeinen braun. Der Ausdruck des Hundes vermittelt Mensch und Tier eine Menge über ihn.
NASE: Gut entwickelt, so daß bei harter Arbeit der Hund immer leicht atmen kann.
OHREN: Aufrecht oder gekippt getragen. Die Ohrenhaltung kann Einfluß darauf haben, wie Schafe auf den Hund reagieren. Einige Schafe ignorieren Hunde mit tief getragenen Ohren, Hunde mit Stehohren haben zuweilen den gegenteiligen Effekt, beunruhigen die Schafe. Für die Arbeit an der Herde werden in der Regel Kippohren bevorzugt.
KÖRPERBAU: Etwas länger als hoch, tiefe und breite Brust erforderlich, um Herzen und Lungen genügend Raum zu geben. Für einen aktiven Arbeitshund sind auch gute Schulterlage und starke Hinterhand sehr wichtig. Gleich ob Du den Border Collie für die Arbeit an der Herde, Agility oder Flyball einsetzt, immer braucht der Hund Schnelligkeit, kräftigen Rücken, Ausgewogenheit, Beweglichkeit und Ausdauer - dies sind alles wichtige Merkmale der Rasse.

EINFÜHRUNG DES BORDER COLLIE

PFOTEN: Diese sind für einen Hund, der über lange Zeitdauer auf schwierigem Bodenterrain arbeiten muß, von größter Wichtigkeit. Die Pfoten müssen oval geformt sein, kräftige, gut gepolsterte Ballen haben und kurze, kräftige Nägel.
WESEN: Ursprünglich begleitete der Border Collie die Schäfer überall hin. Der Schäfer aus den Bergen hatte sein Winterquartier in den Tälern und Tiefebenen, zog mit seiner Herde während Frühjahr und Sommer in die höheren Regionen. Immer waren die Hunde Begleiter, Wächter und Arbeitspartner. Gerade diese enge Beziehung gehört zu den wichtigsten Gründen, weshalb Border Collie sich nahezu allen Arbeitspartnerschaften erschließen.
Bei der Arbeit an der Schafherde nutzt der Border Collie die Grundbeziehung Raubtier-Beute, wobei dies alles unter Kontrolle des Schäfers steht. Der angeborene Jagdinstinkt kann sich für den Liebhaber-Border Collie auf verschiedene Art unwillkommen zeigen, beispielsweise im Nachjagen hinter Autos, Joggern und Kindern - um nur einige Probleme aufzuzeigen. Aus diesem Grund müssen diese Instinkte von frühester Jugend an vom Menschen kontrolliert werden.

DER BORDER COLLIE ALS ALLZWECKHUND Der Border Collie hat einen starken Arbeitstrieb, möchte seinem Menschen gefallen. Die Rasse ist außerordentlich vielseitig und kann die meisten Arbeitsaufgaben erfüllen.

Unterordnungswettbewerbe: In dieser Disziplin ragt der Border Collie heraus, ist heute von allen in Wettbewerben eingesetzten Hunderassen *Number One*. Ursache hierfür ist das leichte Lernvermögen des Border Collies. Diese Hunde genießen geradezu die Ausbildungsstunden, die für eine Präzisionsarbeit erforderlich sind; dies wiederum ist Grundvoraussetzung für die hohen heutigen Anforderungen.
Agility: Auch in dieser Sportart ragt der Border Collie heraus, denn sie fordert in erster Linie Schnelligkeit, Ausgewogenheit und jederzeit absolute Kontrolle des Hundes.
Flyball: Eine weitere Sportart, die dem Border Collie liegt. Flyball motiviert den starken Jagdinstinkt des Border Collies.
Arbeitsprüfungen: In allen Sportarten, bei denen es auf Selbstkontrolle, Beweglichkeit und erstklassiges Geruchsvermögen ankommt, hat sich der Border Collie bei den Prüfungen einen sehr guten Namen gemacht.
Rettungshundearbeit: Für diese Aufgaben hat der Border Collie eine starke natürliche Veranlagung. Dabei muß ein Hund in Bergen und Tälern unter allen Witterungsverhältnissen arbeiten - grundsätzlich besteht wenig Unterschied, ob der Hund nach einem verlorenen Schaf oder einem verirrten Menschen sucht. Für einen Border Collie ist dies eigentlich völlig normale Alltagsarbeit!
Blindenführhunde: Obgleich Border Collies auch als Blindenführhunde Einsatz finden, sprechen die Eigeninitiativen dieser Hunderasse manchmal gegen diese Aufgabe. Ein ruhigerer Hund, ein weniger arbeitsfanatischer Führhund wird im allgemeinen bevorzugt.
Behindertenhunde: Hierzu gehören die Hunde für Schwerhörige und für Körperbehinderte. Für diese Arbeitsaufgabe ist der Border Collie durchaus brauchbar, in vielen Fällen ist seine Initiative sogar willkommen. Trotzdem muß man wissen, der Border Collie ist ein außerordentlich aktiver Hund, dies kann bei Hundebesitzern mit Problemen in ihrer eigenen Körperbewegung zu Schwierigkeiten führen.

OBEN: Der Border Collie wurde nur für eine einzige Aufgabe gezüchtet - das Hüten von Schafen.   Foto: Carol Ann Johnson.

UNTEN: Weitsprung über drei Meter bei einer Arbeitsprüfung. Für solche Aufgaben ist die Rasse besonders geeignet.   Foto: Bryan Turner.

RECHTS: Blindenführhund. Border Collies lassen sich zu einer sehr guten Führleistung ausbilden, vermögen eine Vielfalt von Aufgaben zu erfüllen.
Foto: Guide Dogs for the Blind Association.

UNTEN: Der Ausstellungs-Border Collie, wie er sich heute im Ausstellungsring immer mehr einen Namen macht.
Foto: Carol Ann Johnson.

BORDER COLLIE

ARBEITS- UND AKTIVITÄTSINITIATIVEN Bei den herausragenden, angeborenen Arbeitsqualitäten des Border Collies kann es zuweilen zu Rückschlägen kommen. Viele Border Collies sind beim Lernen so schnell, daß sie aus bestimmten Situationen ihre eigenen Vorteile zu ziehen wissen. Deshalb sind Border Collies auch großartige Ausbilder ihrer Menschen! Dies ist eine Hunderasse, die von Geburt an veranlagt ist, aus Eigeninitiative zu arbeiten. Beim Zusammentreiben der Schafe in den Bergen kann dieser Hund Kilometer entfernt vom Schäfer arbeiten, beherrscht dabei seine Aufgabe ohne Kommandos, denen er zu gehorchen hat. Diese Schnelligkeit zu lernen, seine Vorwegnahme von Kommandos in den jeweiligen Situationen führt bei der Ausbildung des Border Collies zu rassetypischen Problemen. Wenn der Führer ihm nicht immer um einen Schritt voraus ist, nimmt der Border Collie das Gesetz des Handelns in seine eigenen Pfoten. Deshalb ist es so faszinierend, einen Hund auszubilden, der mit halsbrecherischer Geschwindigkeit von einer Aufgabe zurückkehrt, seinen Führer mit einem Gesichtsausdruck ansieht als würde er sagen: »Aufgabe erledigt! Alles in Ordnung, was nun?«

ANERKENNUNG DER RASSE Die ersten *Sheepdog Trials* wurden 1873 in RhiwlasBala in North Wales abgehalten. Im Jahre 1906 wurde die International Sheepdog Society (ISDS) gegründet. Allgemein können nur solche Hunde eingetragen werden, deren beide Eltern bei der ISDS eingetragen sind. Jeder Hund erhält seine eigene Eintragungsnummer. Ab 1964 erkannte der English Kennel Club den Border Collie an, trug aber nur solche Hunde ein, die bereits bei der ISDS anerkannt waren. Erst im Jahre 1976 akzeptierte der English Kennel Club den Border Collie als Hund mit eigenen Rechten, wurde ein Rassestandard aufgestellt. Ein Rassestandard ist die niedergelegte Beschreibung des »idealen Border Collies«. Im Ausstellungsring beurteilen alle Richter jeden einzelnen Hund nach dem Rassestandard.

Die Bezeichnung *Working Sheepdogs* bezieht sich auf Kreuzungen mit Collies oder Border Collies, die nie eingetragen waren, keine Ahnentafel hatten. Solche Hunde können vom Kennel Club im Arbeitsregister als *Working Sheepdogs* eingetragen werden. Nach einer solchen Eintragung dürfen sie in *Obedience and Working Trials* auf vom Kennel Club durchgeführten Veranstaltungen antreten.

Es gab viele Länder, die die Arbeitsfähigkeit des Border Collies schnell erkannten, die ersten Exporte kamen bereits Anfang des 20. Jahrhunderts nach Australien. Hier konkurrierten die Hunde in *Sheepdog Trials*, bald auch im Ausstellungsring. Seit 1907 sind Border Collies auf Ausstellungen nachgewiesen, aber erst ab 1935 wurde die Rasse unter ihrem eigenen Namen vorgestellt. Die ersten Border Collies wurden am 17. April 1919 vom New Zealand Kennel Club eingetragen. Es waren *Glen* und *Tan*, beide am 29. September 1918 geboren, Züchter McConachy. Ihr Vater war *Bruce*, Mutter *Fly*. Für Schönheitsausstellungen wurden Border Collies ab dem Datum der ersten Anerkennung zugelassen. Im Jahre 1927 wurde der erste offizielle Standard des New Zealand Kennel Clubs angenommen. Interessanterweise werden Border Collies verstärkt aus New Zealand nach England importiert, seitdem diese Rasse in ihrem Ursprungsland die offizielle Anerkennung fand. Was öffentliche Anerkennung angeht, gab es in Nordamerika beim Border Collie beträchtliche Streitigkeiten. In Kanada wurden die Border Collies, als vorbereitender Schritt zur vollen Anerkennung, der *Canadian Kennel Club's Miscellaneous Class* angeschlossen. Dies wurde aber wieder aufgehoben, heute darf die Rasse nicht länger an Veranstaltungen des Canadian Kennel Club's teilnehmen. In den USA erteilte der American Kennel Club ab Februar 1995 dem Border Collie die ersten Eintragungsrechte.

Kapitel 2
KAUF EINES BORDER COLLIE

ERWERB NOTWENDIGEN WISSENS Einen Hund - gleich welcher Rasse - zu sich ins Haus zu holen, bedeutet immer eine große Verantwortung. Der Kauf eines Border Collies - einer Hunderasse mit starkem Arbeitstrieb - bedarf genauer Überlegung. Von einem Hundetyp dieser Art kann man nicht erwarten, daß er sich bei begrenzten Auslaufmöglichkeiten ruhig in ein ordentliches Leben einfügt.
Der Border Collie braucht viel geistige Anregung, eine Fülle an Bewegung ohne Leine. Kann dies nicht gewährleistet werden, solltest Du Dir eine andere Rasse zulegen.

Viel zu viele Menschen werden heute vom Border Collie angezogen, insbesondere durch die Erfolge der Spitzenhunde bei Unterordnungswettbewerben oder bei Preishüten. Der Hundelaie nimmt an, ein so hoch intelligenter, arbeitsfreudiger Hund sei seiner Natur nach gehorsam, passe sich problemlos in ein Familienleben ein. Auf vielerlei Art ist der Border Collie wirklich der ideale Familienhund, immer bereit, sich allen Aktivitäten anzuschließen, er besitzt sehr viel Sinn für Humor. Man muß aber wissen, dieser Hund verlangt viel Zeit für Erziehung und Sozialisierung, wenn man wirklich einen angenehmen Familienhund haben möchte.

DIE KOSTEN Die erste Überlegung geht dahin, ob man sich einen solchen Hund leisten kann. Nachfolgende Kosten sollte man sich genauer ansehen:
1. Futterkosten.
2. Impfkosten: Das Grundimpfprogramm muß durch jährliche Wiederholungsimpfungen aufgefrischt werden.
3. Entwurmung: Keine teure Behandlung, trotzdem muß sie so alle vier bis sechs Monate durchgeführt werden.
4. Tierarztkosten: Hierbei handelt es sich in erster Linie um Beratungsgebühren, Medikamente, Behandlungen und so weiter, auch sie sollte man nicht vergessen.
5. Haftpflichtversicherung: Haftpflichtversicherung ist für jeden verantwortungsbewußten Hundebesitzer heute ein Muß. Es gibt auch Krankheitsversicherungen, sie sind aber in aller Regel recht teuer, umfassen beispielsweise keine Schutzimpfungen und Entwurmungen.
6. Tierpensionen: Während der Ferienzeit kann es sich ergeben, daß man seinen Hund in einer Pension unterbringen muß, das Gleiche gilt, wenn man aus irgendwelchen Gründen - beispielsweise Krankheit - vorübergehend sich nicht selbst um seinen Hund kümmern kann.

FAMILIÄRE ÜBERLEGUNGEN Der Kauf eines Hundes bedeutet immer, daß ein neues Familienmitglied ins Haus kommt. Du mußt sicherstellen, daß alle Familienmitglieder diesem Zugang positiv gegenüberstehen, daß ein Familienmitglied die volle Verantwortung übernimmt. Nachstehendes ist zu überlegen:
1. Paßt Dein persönlicher Lebensstil zu einer sehr aktiven Arbeitshunderasse?
2. Hast Du für Ausbildung und Sozialisation genügend Zeit?
3. Wenn Du noch kleine Kinder im Haus hast, kannst Du noch weitere Verantwortungen übernehmen?
4. Wenn in Deinem Haus ein älteres oder behindertes Familienmitglied lebt, ist es dann vernünftig, einen energiegeladenen jungen Hund hinzuzunehmen?

BORDER COLLIE FARBEN

*Fotos:
Carol Ann
Johnson.*

*Dreifarbig:
Schwarz, Lohfarben
und Weiß.*

Blue merle.

Blau und Weiß.

Dreifarbig: Rot, Lohfarben und Weiß.

BORDER COLLIE

5. Der Border Collie ist ein sich schnell bewegender Hund mit ausgeprägtem Jagdinstinkt. Bist Du in der Lage, Deinen Hund zu kontrollieren?
6. Der Border Collie hat ein starkes *Working Eye*, wird durch sich schnell bewegende Gegenstände immer angezogen, beispielsweise durch umherlaufende Kinder. Bist Du in der Lage, mögliche Probleme zu beherrschen?

Der Fragenkatalog mag etwas negativ erscheinen, traurigerweise haben aber Tierheime viel zu viel damit zu tun, Border Collies in neue Hände zu vermitteln, weil die Erstbesitzer mit *Verhaltensproblemen* nicht zurechtkamen. Ergibt sich nach eingehender Überlegung, daß der Border Collie als Wunschhund an erster Stelle steht, solltest Du immer noch einmal alle positiven und negativen Aspekte überlegen, die das Zusammenleben mit einem aktiven, arbeitenden Hund mit sich bringt. Hat man dies richtig verstanden, entstehen diese Probleme nicht.

DER RICHTIGE ZÜCHTER Der beste Weg zum Border Collie Welpen ist ein Besuch bei einem anerkannten Züchter, bei dem der Wurf im Haus aufgezogen wird. Derartige Welpen sind von früher Jugend an richtig sozialisiert. Sie haben sich bereits an Alltagsgeräusche gewöhnt, beispielsweise Telefon, Staubsauger, Waschmaschine und Fernsehen. Meist sind sie auch mit Kommen und Gehen in einer Familie vertraut.

Am besten schreibt man an den nationalen Hundezuchtdachverband, fordert Listen anerkannter Züchter an, möglicherweise auch die Adressen der die Rasse betreuenden Klubs. Entweder wendet man sich direkt an den Züchter oder bittet den Klubsekretär um Rat und Hilfe, dort weiß man in aller Regel, welche Züchter gerade Welpen zu verkaufen haben.

Hast Du beim Kauf des Border Collies schon eine bestimmte Verwendung im Sinn, beispielsweise Ausstellungen, Unterordnungswettbewerb, Agility, sollte man immer prüfen, ob in der Blutführung der Welpen entsprechende Arbeits- oder Ausstellungshunde vorkommen. Es gibt Züchter, die sich auf Ausstellungs-Border Collies spezialisieren, andere auf Unterordnungsprüfungen, wieder andere auf die Arbeit an der Herde. Alle diese Züchter kennen ihre eigenen Blutführungen, züchten Hunde auf die gewählte Aufgabe hin. Auch zu dieser Frage können die Rassezuchtvereine den Interessenten wichtige Einzelheiten unterbreiten.

RÜDE ODER HÜNDIN Als nächstes muß man sich entscheiden, ob man lieber einen Rüden oder eine Hündin möchte. Hündinnen sind kleiner, meist unterordnungsfreudiger und leichter zu erziehen als Rüden. Rüden sind in aller Regel einige Zentimeter größer, auch schwerer als Hündinnen. Obgleich sie sich etwas schwieriger als Hündinnen ausbilden lassen, läßt sich durchaus feststellen, daß Rüden weniger augenblicklichen Stimmungen unterliegen als Hündinnen, denn Hündinnen sind aufgrund ihres Östrogenzyklus verschiedenen hormonellen Wechseln unterworfen.

In der Regel kommt die Hündin alle sechs Monate in Hitze, ist drei Wochen heiß, muß dabei von Rüden streng getrennt werden. Über diese Zeit zeigt sie Ausfluß, der manchmal auch stärker sein kann - die meisten Hündinnen halten sich aber selbst dabei recht sauber.

Rüden sind Menschen gegenüber genauso loyal und freundlich wie Hündinnen. Manche zeigen zuweilen ein etwas weniger angenehmes Verhalten, beispielsweise Rammeln auf Kissen oder an den Beinen von Besuchern. Wenn man dies jedoch von früher Jugend an erzieherisch abgewöhnt, gibt es keinerlei Grund, warum es als Problem erscheinen sollte. Einige Rüden haben eine gewisse Veranlagung zum

KAUF EINES BORDER COLLIE

Streunen, insbesondere wenn es in der Nachbarschaft eine heiße Hündin gibt. Die beste Lösung besteht darin, Haus und Garten sicher abzuzäunen, so daß der Rüde keine Gelegenheit zum Streunen hat.

Besteht keine Absicht, mit einem Border Collie zu züchten, rate ich dem Liebhaberbesitzer immer, Rüden und Hündinnen kastrieren zu lassen. Mit der Entscheidung darüber sollte man abwarten, bis der Border Collie voll ausgereift ist. Die *Guide Dogs for the Blind Association* läßt alle ihre Arbeitshunde kastrieren, dabei erfolgt bei Hündinnen der operative Eingriff immer erst nach der ersten Hitze. Bei Rüden liegt die beste Zeit für eine Kastration etwa bei 12 bis 18 Monaten, wenn alle Rüdenmerkmale bereits voll ausgeprägt sind.

HAARKLEID UND FARBE Border Collies gibt es in vielen Haararten, vom Glatthaar bis echtem Langhaar. Ich persönlich bevorzuge einen Hund mit mittellangem Haar, dichter Unterwolle bei etwas längerem Deckhaar. Dieses Haarkleid zeigt an Läufen und Rute meist etwas Befederung, um den Hals herum eine schöne Halskrause. Hunde dieser Haarart haben gegen Kälte und Nässe genügend Schutz, der Schmutz verfängt sich aber nicht so stark im Haar. Mußt Du Deinen Hund unter sehr nassen und sehr schmutzigen Verhältnissen spazieren führen, genügt es vollkommen, ihn bei der Heimkehr mit einem wasseraufsaugenden Tuch tüchtig abzurubbeln, dann - nach dem Trocknen - das Haarkleid zu bürsten.

Beim Border Collie gibt es eine Vielfalt an Farben. Die traditionsreichste Farbe ist schwarzweiß, dabei ist das Haarkleid auf Rücken und Kopf vorwiegend schwarz, weiße Blesse im Gesicht, weiße Abzeichen an Läufen und Brust, schwarze Rute mit weißer Rutenspitze. Von diesem Muster gibt es beträchtliche Abweichungen, einige Hunde haben auf dem Körper weiße Abzeichen. Es gibt sogar Hunde mit einem weißen oder halbweißen Gesicht. Nach dem Rassestandard sollte Weiß nicht dominieren. Der Grund für diese Regelung wird darin gesehen, daß Schafe von einem reinweißen Hund weniger Notiz nehmen. Aber eine stattliche Anzahl weißer Hunde hat diese Theorie widerlegt, bestätigt, daß sie gute Arbeitshunde sein können. Im Ausstellungsring haben Hunde mit dem konventionellen Farbmuster die besten Erfolgschancen.

Weitere Border Collie Farben sind Schwarz und Lohfarben, Dreifarbig (Schwarz, Lohfarben und Weiß) Rotweiß (dabei kann das Rot von Leberfarben bis Fuchsloh variieren) Blau mit Weiß, red merle und blue merle. Merlefarben sind verschiedene Schattierungen für Blau und Rot mit blaugrauer Merlefleckung und schwarzer Schimmelung.

WAHL EINES ÄLTEREN HUNDES Je nach den persönlichen Umständen kann es durchaus einmal ein Vorteil sein, auch einen älteren Hund zu kaufen. Der größte Vorteil besteht darin, daß der ältere Hund in aller Regel stubenrein ist, die meisten haben auch die Grundbegriffe der Unterordnung gelernt - obwohl sich dies manchmal darauf beschränkt, daß sie gerade ihren Namen kennen und sich auf Kommandos setzen. Die meisten älteren Hunde passen sich Deiner Alltagsroutine ziemlich schnell an. Die Wiedereingliederung eines Tierheimhundes kann allerdings zuweilen drei bis vier Wochen dauern, bis sich der Hund wirklich eingewöhnt hat und seinen echten Charakter zeigt.

Der Nachteil des Kaufes eines älteren Hundes besteht darin, daß man eine *unbekannte Größe* in Haus und Familie einführt. Ist man dazu bereit, rate ich, sich sehr vom gesunden Menschenverstand leiten zu lassen, es langsam angehen zu

OBEN: Wenn Du Deinen Hund für Unterordnungswettbewerbe erziehen möchtest, ist es immer gut, wenn der Junghund gerne spielt. Foto: John Sellers.

GEGENÜBERLIEGENDE SEITE: Bei der Auswahl eines Welpen sollte man sich immer auch die übrigen Familienmitglieder zeigen lassen, dies gibt Hinweise, wie der Welpe sich voraussichtlich entwickelt. Foto: Carol Ann Johnson.

Alle Welpen sind süß! Nie sollte das Herz den Verstand regieren, wenn man seine abschließende Wahl trifft. Foto: Adrienne McCleavy.

BORDER COLLIE

lassen, bis ihr beide - Hund und Mensch - wirklich Gelegenheit habt einander besser zu kennen. Keinesfalls sollte der neue Hund stark unter Druck geraten, man muß ihm die notwendige Zeit lassen, um sich einzugewöhnen. Dies gilt besonders, wenn Kinder in der Familie leben. Oberster Grundsatz - Tierheimhunde brauchen viel Geduld und Verständnis.

AUSWAHL AUS EINEM WURF Ist die Zeit gekommen, Deinen Welpen auszusuchen, solltest Du nie Dein Herz den Verstand regieren lassen. Laß Dir die Hündin gemeinsam mit den Welpen zeigen, dadurch bekommst Du eine gute Vorstellung über das Wesen der Mutter. Verliebe Dich nicht in den Welpen, der sich in eine Ecke verkriecht; Nervenschwäche, die sich schon so früh zeigt, könnte sich später zu sehr vielen Problemen auswachsen. Am anderen Ende der Skala steht der freche, bossige Junghund, der sich ständig mit seinen Wurfgeschwistern prügelt - er könnte sich in eine ganze Menge Hund verwandeln. Der ideale Welpe für Dich ist ein Typ etwa in der Mitte liegend, der sich an allem Spiel beteiligt, alles mit Gleichmut und Vergnügen nimmt.

Welpen sollten immer frisch und angenehm riechen, sauber sein, ohne irgendwelche Anzeichen für Flohbefall. Ihre Ohren müssen sauber und blaßrosafarben sein, beim Aufheben muß sich der Welpe fest anfühlen. Ein leichter Welpe mit aufgeblähtem Bauch beherbergt meistens eine ganze Ladung Würmer. Bei allen Rassen gibt es Erbkrankheiten, deshalb ist es wichtig vom Züchter zu erfahren, ob die Eltern der Welpen hinsichtlich *Collie Eye Anomaly (CEA), Progressive Retina Atrophy (PRA)* getestet wurden und auch auf *Hüftgelenksdysplasie (HD)* geröntgt sind.

Möchtest Du Deinen Welpen für Ausstellungen, Unterordnungswettbewerbe oder andere Spezialdisziplinen kaufen, sollte dies in gewissem Umfange schon bei der Wahl beachtet werden. Natürlich kann niemand im Alter von sieben Wochen einen künftigen Ausstellungschampion oder Unterordnungsprüfungssieger auswählen. Wenn Du aber einen Ausstellungshund möchtest, bekommst Du ihn am ehesten bei Züchtern, die Hunde mit besonders gutem Körperbau und gutem Rassetyp anstreben. Besonders wichtig ist zu kontrollieren, daß beide Elterntiere typgerecht sind, gutes Wesen haben. Ein Welpe mit Ausstellungschancen braucht einen guten Kopf, guten Körperbau, einen Fang mit regelmäßigem Scherengebiß und gute Farbe mit richtiger Markierung. Achte darauf, wie der Welpe sich bewegt, selbst in diesem frühen Alter bekommst man eine gute Vorstellung, wie der Welpe anatomisch aufgebaut ist.

Wer mit seinem Hund in Unterordnungswettbewerben antreten will braucht einen Welpen, der spielfreudig ist, sich völlig auf Dich konzentriert, wenn Du mit ihm spielst. Wirf ein Stück zusammengeknäultes Papier und achte darauf, ob der Welpe es Dir wiederbringt - dies zeigt gute Veranlagung zum Apportieren, die man bei Unterordnungsübungen sehr notwendig braucht.

In allererster Linie sollte man sich aber vom Züchter des Welpen beraten lassen, er kennt die einzelnen Tiere des Wurfes, er weiß auch viel über sein Zuchtmaterial. Nie solltest Du etwas überstürzen. Wenn Dir keiner der Welpen gefällt, verschiebe es auf ein anderes Mal. Kaufe nie einen Welpen, wenn Du nicht wirklich fühlst, daß Du genau diesen haben möchtest.

HÄUSLICHE VORBEREITUNGEN

SCHLAFPLATZ: Als allererstes mußt Du festlegen, wo der Welpe schlafen soll. In den meisten Fällen ist die Küche oder ein Arbeitsraum das richtige. Entscheidend ist, der ausgewählte Platz muß warm und zugfrei sein. Es macht keinen Sinn, zu diesem

KAUF EINES BORDER COLLIE

Zeitpunkt ein teures Hundebett zu kaufen, denn in kurzer Zeit paßt der Border Collie nicht mehr in diese Größe - und mit größter Wahrscheinlichkeit hat der Welpe alles angekaut, ehe er dieses Stadium erreicht hat! Am besten bewährt sich ein kräftiger Karton, mit einem Tuch als Einlage. Wenn der Welpe heranwächst, kannst Du einen größeren Karton wählen. Etwa im Alter von fünf bis sechs Monaten weißt Du ungefähr, wie er ausgewachsen sein wird, jetzt kann man das notwendige Geld für ein passendes, endgültiges Hundelager investieren. Es gibt Hundelager in allen Formen und Größen, von geflochtenen Körben bis zu gut geformten Plastikwannen. Ich persönlich optiere in der Regel für ein nierenförmiges Plastiklager. Man bekommt dies in einer Vielfalt von Größen und Farben. Solche Lager lassen sich leicht reinigen, halten über das ganze Leben. Das Lager wird mit einer passenden Einlage versehen. Am tauglichsten sind waschmaschinenfeste Einlagen - Typ Vet-bed - solche Einlagen machen das Lager bequem und sind praktisch für den Besitzer.

Man muß darauf achten, daß ein Welpe nicht aus seinem Lager herausklettert und hinter große Möbel gerät. Besonders wichtig ist sicher zu stellen, daß nirgendwo irgendwelche elektrische Kabel so erreichbar sind, daß der Welpe sie ankauen könnte.

KÄFIGE: In den USA sind Käfige Standardausrüstung für Hunde, auch in anderen Ländern werden sie immer populärer. Der größte Vorteil liegt darin, daß man über kurze Zeiten den Welpen darin unterbringen kann, wenn man ihn einmal nicht zwischen den Füßen haben möchte. Außerdem gibt es dem Welpen einen sicheren Platz, in dem er ungestört schlafen kann. Der Käfig ist auch eine gute Hilfe bei der Erziehung zur Stubenreinheit, denn die meisten Welpen verunreinigen ihr Lager nicht. Niemals darf man Käfige als Strafe verwenden, der Welpe darf auch nur über beschränkte Zeiten eingegrenzt werden. In den meisten Fällen lernt er schnell, den Käfig als seine eigene Höhle anzusehen, geht auch freiwillig hinein, wenn die Tür offenbleibt.

Ein guter Käfig läßt sich auch im Auto nutzen, gibt dem Welpen einen sicheren, bequemen und gewohnten Platz auf Reisen.

SCHÜSSELN: Dein Welpe braucht zwei Schüsseln, eine für das Futter, die andere als Trinkschale. Zur Fütterung habe ich Schüsseln aus rostfreiem Stahl als am brauchbarsten gefunden. Für Wasser verwende ich gerne die schwereren Steinguttypen. Wichtig ist, daß Dein Junghund stets Zugang zu sauberem, frischem Wasser hat.

HALSBAND UND LEINE: Anfänglich brauchst Du nur ein leichtes Nylonhalsband und eine Leine aus gleichem Material. Wächst der Welpe heran, kann man unschwer das kleine Halsband durch ein größeres ersetzen. Das Gesetz schreibt vor, daß alle Hunde ein Halsband mit Identifikationsmarke tragen müssen. Als ideal erweist sich ein rundgenähtes Lederhalsband, es paßt geschmeidig um den Hundehals, zerdrückt das Fell nicht.

Heutzutage gibt es Halsbänder und Leinen in einer Vielfalt von Farben, das Material besteht aus Nylongewebe oder Leder. Vorsicht, bei Nylonleinen kann man sich die Hand verletzen, insbesondere wenn der Junghund gerne zieht. Für den Alltagsgebrauch ist eine gute Lederleine unverändert das Beste, sie braucht einen kräftigen Sicherheitskarabiner.

OBEN: Bei seiner Ankunft zu Hause muß sich Dein Welpe an vieles gewöhnen.
VISAVIS: Kinder und Welpen sind oft großartige Spielgefährten, solange der Junghund mit Respekt behandelt wird.
UNTEN: Immer braucht der Welpe sicheres Spielzeug. Dies macht ihm Spaß, verhindert, daß er die falschen Gegenstände bekaut. Fotos: John Sellers.

BORDER COLLIE

SPIELZEUG: Welpen wie erwachsene Hunde lieben Spielzeug. Für Deinen Junghund empfiehlt sich hartes Gummispielzeug, an dem er kauen kann; man muß aber Sorge tragen, daß der Hund keine Stücke abkauen und verschlucken kann, dies könnte gefährlich werden. Meine Hunde lieben besonders Bälle mit einem damit verbundenen Seil, das Frisbeespiel macht allen Hunden Spaß, meist auch den Besitzern. Es gibt ein eigens hergestelltes Gummispielzeug, den *Kong* - beim Aufprall springt dieser konisch geformte Gegenstand immer in verschiedenen Richtungen ab, bereitet den Hunden Stunden an guter Unterhaltung. Wenn Du Deinen Welpen länger beschäftigt haben möchtest, kannst Du irgendwelches Futter in die Höhlung dieses Gerätes streichen, Dein Welpe braucht Stunden, um es wieder herauszulecken. Der ideale Zeitpunkt, so etwas auszuprobieren, ist wenn man auf kurze Zeit seinen Welpen alleine lassen muß. Dieses Gerät benutze ich auch manchmal, wenn ein Welpe das Futter hinunterschlingt. Wenn ich dieses Gummistück in die Schüssel lege, muß der Welpe langsamer fressen, da er seinen Weg nur rings um das Gummi findet.

LAUFSTALL: Eine Ausrüstung, die ich zum Aufziehen von Welpen als besonders wertvoll ansehe. Ursprünglich für Kleinkinder gebraucht, nimmt dieser Laufstall bei jungen Hunden die gleiche Funktion ein. Mit einem Laufstall kann man den Welpen auf einen bestimmten Raum beschränken, nicht zuletzt auch verhindern, daß der Welpe von sich aus Treppen steigt.

ABHOLUNG DES WELPEN: Man sollte es immer so einrichten, daß der Welpe ins Haus kommt, wenn eine ruhige Zeit bevorsteht, auf einige Wochen nichts besonderes ansteht. Weihnachten ist beispielsweise keine gute Zeit, in der sich ein Welpe an ein neues Zuhause gewöhnen könnte. Meistens gibt es zu viele Aktivitäten, das macht es dem Junghund schwierig, sich mit neuen Besitzern und neuer Umwelt vertraut zu machen. Es ist immer richtig, den Welpen früh am Morgen abzuholen, so daß er rechtzeitig im neuen Zuhause ankommt und sich bis zum Abend noch richtig mit seiner Umwelt vertraut machen kann.

In den meisten Fällen erhält man vom Züchter einen Futterplan, auch genügend Futter, um die ersten Mahlzeiten mit dem gewohnten Futter fortzusetzen. Beim Kauf eines reinrassigen Border Collies - weniger bei einem *Working Sheepdog* - erhält man vom Züchter alle Abstammungsnachweise, die der nationale Zuchtverband ausgestellt hat.

EINGEWÖHNUNG IN DIE FAMILIE: Bei der Ankunft muß sich der Welpe an so vieles gewöhnen, daß es sehr wichtig ist, keine zusätzlichen Ablenkungen zu erlauben, also etwa Freunde und Nachbarn einzuladen, damit sie den Neuankömmling kennenlernen. Bei der Ankunft Zuhause sollte man den Welpen in den Garten führen, ihn später mit der Familie bekannt machen.

Gibt es in der Familie kleine Kinder, muß man darauf achten, daß sie nicht versuchen, den Welpen hochzuheben oder mit ihm ohne Überwachung zu spielen. Ein Welpe ist kein Spielzeug. Kinder haben an einem Welpen endlosen Spaß und Unterhaltung, zunächst muß man ihnen aber auch Respekt vor den Rechten anderer Lebewesen beibringen. Ein Welpe hat seine Freude an Spielzeiten, er braucht aber auch Zeiten, in denen er ungestört schlafen kann. Die Kinder müssen rechtzeitig lernen, zu solchen Zeiten den Welpen in Ruhe zu lassen, wenn nicht, hast Du bald einen übellaunigen, reizbaren Hund. Natürlich muß ebenso dem Welpen das richtige

KAUF EINES BORDER COLLIE

Verhalten mit Kindern beigebracht werden. Dies alles gehört zur Verantwortung, wenn man einen Hund kauft. Von Anfang an mußt Du bereit sein, zum Aufbau guter Beziehungen recht viel Zeit aufzuwenden.

Meine Hunde sind bestimmt zu hundert Prozent vertrauenswürdig, trotzdem würde ich sie *nie unüberwacht* mit kleinen Kindern alleine lassen. Es können Unfälle passieren, hier Risiken einzugehen, lohnt sich nie!

GEWÖHNEN AN ANDERE HAUSTIERE: Bei Welpen gibt es in der Regel mit Katzen wenig Probleme. Über die ersten Tage werden die meisten Katzen sich etwas zurückhalten, nach und nach aber den Neuankömmling zu ihren eigenen Bedingungen akzeptieren. Achte darauf, daß sich die Katze nicht geärgert fühlt, gib ihr viel Zuneigung, insbesondere wenn der Welpe gerade schläft und keine Aufmerksamkeit fordert. In der Regel steigen Katzen auf Stuhllehnen, Schränke, auf Treppen und so weiter - sie halten sich außerhalb der Reichweite des Neuankömmlings, bis sie sich über dessen Reaktionen klarer geworden sind. Keinesfalls solltest Du Deinem Welpen erlauben, die Katze anzukläffen oder zu jagen. Wenn Du in diesem Alter Deinem Welpen schlechte Manieren gestattest, liegt der Fehler alleine bei Dir, wenn Du am Ende einen ewigen Kläffer besitzt, einen Hund, der - wenn er erst einmal acht bis achtzehn Monate alt geworden ist - Haustiere hetzt.

Wenn Du einen Welpen mit einem älteren Hund vertraut machst, erfolgt dies am besten auf neutralem Territorium. Am besten nimmt man den älteren Hund hinaus in einen Park oder in den Garten eines Freundes, läßt ihn dort mit dem Welpen bekannt werden.

Laß sie miteinander spielen, bevor sie gemeinsam mit nach Hause genommen werden. Dann sollten eigentlich keinerlei Probleme auftreten.

DIE ERSTE NACHT: Die erste Nacht, die Dein Hund im neuen Zuhause verbringt, ist nahezu immer das schlimmste - aber danach wird es jede Nacht ein klein wenig besser. Natürlich vermißt der Welpe seine Wurfgeschwister, fühlt sich allein und isoliert. Manchmal hilft es, wenn man etwa eine Woche vor der Abholung des Welpen dem Züchter ein Stück Einlage für das Hundebett gibt, damit er dieses in das Wurflager gibt. Bei der Abholung des Welpen nimmst Du die Einlage mit nach Hause, bringst damit auch den Geruch des ganzen Wurfes mit. Machst Du Deinen Welpen mit seinem neuen Lager vertraut, wird diese Einlage mit hineingesteckt, macht ihm alles etwas bequemer.

Achte unbedingt darauf festzubleiben, wenn Dein Welpe weint. In aller Regel wird er aufgeben, wenn er einmal müde ist. Wenn Du aber aufgibst, wird das darin enden, daß Dein Welpe in Zukunft ausschließlich in Deinem Schlafzimmer übernachtet - möglicherweise sogar in Deinem Bett! Achte darauf, daß es der Welpe warm, bequem hat und satt ist. Bald wird sich Dein Welpe dann problemlos eingewöhnen.

Kapitel 3
HALTUNG UND PFLEGE

FÜTTERUNG Bei der Abholung Deines Border Collie Welpen erhältst Du in aller Regel vom Züchter einen Futterplan, der aufzeigt, wie der Welpe bisher gefüttert wurde. Zumindest für die ersten Tage empfiehlt es sich, die gleiche Fütterung fortzusetzen, bis sich der Hund in seinem neuen Zuhause eingewöhnt hat. Wenn Du dann die Fütterung verändern möchtest, sollte dies immer nach und nach erfolgen, etwas von dem neuen Futter dazwischen gemischt werden, immer braucht es etwa zwei bis drei Tage, um von einem Futtertyp zum anderen umzustellen.

Es gibt heutzutage eine Vielfalt von Hundefutterarten, Du hast die volle Auswahl.

GEGENÜBERLIEGENDE SEITE: Das Ergebnis guter Aufzucht und Ernährung, ein wunderschöner fitter und gesunder Hund.   Foto: Carol Ann Johnson.

UNTEN: Über die ersten Tage erhält der Junghund nur die vom Züchter empfohlene Nahrung, damit er sich erst einmal eingewöhnt.   Foto: John Sellers.

BORDER COLLIE

Traditionelle Methode: Noch immer füttere ich auf traditionelle Art, meine Hunde erhalten rohes Fleisch und Mixer, gedeihen dabei gut. Nachstehenden Futterplan halte ich in der Regel ein:

Im Alter von acht Wochen füttere ich täglich vier Mahlzeiten, die Zeiten sind ungefähr 8.00 Uhr, 12.00 Uhr, 16.00 Uhr und 20.00 Uhr. Die Fütterungen 8.00 und 16.00 Uhr sind in der Regel auf Milch aufgebaut, die Fütterungen um 12.00 und 20.00 Uhr auf Fleisch. Für die Milchfütterung verwende ich industriell hergestellte Trockenmilch, wie man sie in Zoofachgeschäften erhält. Unbedingt sollte man dabei die Anweisungen des Herstellers beachten, die Menge richtet sich immer nach dem Gewicht des Welpen. Dieser Milch füge ich einen Teelöffel Honig zu, außerdem einige Cerealien (Flocken).

Für die Fütterungen 12.00 und 20.00 Uhr erhalten meine Welpen rohes Fleisch, dazu eingeweichte Welpenspezialfütterung. Hinzu kommen etwas Kalk, Hefe, Knoblauch und Seetangpulver, mengenmäßig je nach Anweisungen des Herstellers. Die Welpen bekommen auch eine Vielfalt von Gemüse, roh oder gekocht. Im Alter von sieben bis acht Wochen beträgt die Futtermenge für jeden Welpen etwa 100 g bis 150 g, mit weiterem Wachstum etwas mehr. Für die notwendigen Mengen ist der Welpe selbst entscheidend, man sieht ganz einfach beim Fressen zu, ob er dabei satt wird. Einige Junghunde sind starke Fresser, andere wiederum stehen dem Futter gelassener gegenüber!

Als Allgemeinregel gilt, daß wenn ein Hund nicht auffrißt, man den Futterrest nie stehenläßt. Er muß bis zur nächsten Mahlzeit warten. Es ist wie bei einigen Menschen, die Futtermengen des Einzelhundes variieren beachtlich, man achte aber immer darauf, daß er kein Übergewicht ansetzt. Im Alter von vier Monaten reduziere ich die Fütterung um die Nachmittag-Milchmahlzeit, die Menge der anderen Mahlzeiten wird vergrößert. Im Alter von zehn Monaten gibt es nur noch eine Mahlzeit täglich, der Hund erhält ungefähr 350 g bis 400 g Fleisch, dazu zwei bis drei Hände voll Mixer guter Qualität, morgens einen kleinen Leckerbissen. Das Fleisch kauft man entweder vom Metzger oder beim Futterhändler, es kann roh oder gekocht verfüttert werden. Wenn Du Futter gibst, das aus dem Kühlschrank kommt, muß es vor der Verfütterung immer erst auf Zimmertemperatur gebracht werden.

An Gemüse verfüttere ich was angeboten wird. Meine Hunde fressen gerne nach jeder Mahlzeit eine rohe Karotte, ich verwende auch eine Vielfalt grüner Blätter wie beispielsweise Löwenzahn, Petersilie, Minze, Wasserkresse, auch rohen Knoblauch und rohe Zwiebeln. Alle sind recht gesund, bei der Verfütterung roher Blätter müssen diese sehr fein gehackt werden, fast breiartig sein, denn Hunde haben Schwierigkeiten, Zellulose zu verdauen. Jedenfalls gebe ich ihrem Futter einen großen Teelöffel dieser kleingehackten Blätter bei.

Komplettfutter: Gewöhnlich kauft man Komplettfutter sackweise, es wird in Flocken oder als Pellet angeboten. Komplettfutter enthält alle Vitamine und Zusätze, die ein Hund braucht, dieser Nahrung dürfen keine Futterzusätze beigefügt werden. Je nach Alter und Lebensstil des Hundes haben die Hersteller verschiedene Komplettnahrungen im Angebot, beispielsweise für Welpen, Standard, Arbeitshunde und Mischungen für übergewichtige Hunde. Die Futtermengen entnimmt man den Anweisungen der Hersteller. Komplettfutter werden trocken oder mit Wasser eingeweicht verfüttert, bei der Trockenfütterung muß genügend Vorrat an sauberem, frischem Trinkwasser verfügbar sein. Die meisten Fachleute empfehlen, auch Komplettnahrungen nur eingeweicht zu verabreichen.

HALTUNG UND PFLEGE

Büchsenfutter: Es gibt eine enorme Auswahl an Büchsennahrung, sie unterscheidet sich beträchtlich im Inhalt. In den billigeren Marken gibt es meist sehr viel Gelee- oder Getreidestoffe, dementsprechend ist die Ernährung manchmal nicht besonders ausgewogen. Büchsennahrung wird in aller Regel mit Mixer gemeinsam verfüttert, meist wird der Mixer warm eingeweicht und dann mit dem Inhalt der Büchse gemischt verfüttert.

STUBENREINHEIT Die Erziehung beginnt mit der Ankunft des Welpen im neuen Zuhause. Das Geheimnis liegt darin, nach jeder Mahlzeit, nach jedem Trinken, nach jedem Aufwachen aus dem Schlaf und nach jeder Spielzeit den Welpen nach draußen zu bringen. Dies sind die Zeiten, da der Welpe sich am wahrscheinlichsten lösen muß. Deshalb bringt man ihn in den Garten oder zu der Stelle, die als seine Toilette vorgesehen ist. Man sollte ein entsprechendes Kommando geben - beispielsweise »Bächlein machen« und muß immer warten, bis der Welpe sich wirklich löst. Sobald er dies getan hat, erhält er sehr viel Lob und Streicheln. Achtung - er sollte genügend Zeit haben, um Blase und Darm zu lösen. Es macht überhaupt keinen Sinn, die Tür offen zu lassen, den Welpen alleine in den Garten zu schicken. Man muß mit ihm zusammen nach draußen gehen, so daß der Hund das Kommando »Bächlein machen« mit der Handlung des sich Lösens verbindet, Lob und Streicheln für die Handlung bekommt. Manche empfehlen, bei der Stubenreinerziehung einige Lagen Zeitungspapier auf den Boden an der hinteren Ausgangstür zu legen. Falls man nicht dazu kommt, ihn hinauszulassen, bleibt ihm immer noch die Benutzung der Zeitungen. Diese Erziehungsmethode ist nicht unumstritten!

Um den Hund die Nacht über stubenrein zu haben, bedarf es immer etwas längerer Zeit. Das allerwichtigste dabei ist, daran zu denken, daß der Hund als letztes am späten Abend nach draußen gebracht wird. Man muß unbedingt bei ihm bleiben, bis er sich löst, ihn dann in sein Bett bringen, wo er die Nacht über bleibt. Am Morgen kannst Du durchaus trotzdem einmal entdecken, daß ein »Unglück« passiert ist. Keinesfalls darf man dann aber den Fehler machen, mit dem Hund ärgerlich zu werden, ihn anzuschreien oder ihm gar die verunreinigte Stelle zu zeigen. Aller Wahrscheinlichkeit nach hat sich der Welpe bereits vor Stunden gelöst, es gibt für ihn überhaupt keine Möglichkeit verstandesmäßig das Schimpfen mit dem Malheur auf dem Boden zu verbinden.

Viele Hundebesitzer sind überzeugt, ihr Hund wisse, daß er etwas falsch gemacht habe, er schaue so schuldbewußt drein, verstecke sich. In Wirklichkeit reagiert der Hund ausschließlich auf das Schimpfen. Er unterwirft sich Dir, aber er hat keinerlei Vorstellung, warum Du ihn ausschimpfst. Viel besser ist es, die verunreinigte Stelle zu säubern, darauf zu hoffen, daß man das nächste Mal mehr Glück hat.

Ich habe festgestellt, daß es von größter Wichtigkeit ist, den Welpen immer im Augenblick des Aufwachens nach draußen zu bringen. Wenn Dein Welpe hört, daß Du Dich in der Wohnung bewegst, ist es sehr wahrscheinlich, daß er sich zu erregen beginnt, sich dann auch sofort löst. Es ist sehr schwierig die Zeit vorauszusagen, die notwendig ist, bis ein Welpe völlig stubenrein wird. Bei einigen dauert es Tage, bei anderen Wochen - bei wieder anderen noch länger. Nach meiner Erfahrung werden Hündinnen meist schneller stubenrein als Rüden, aber in erster Linie hängt dies vom Bemühen des Besitzers ab. Je wachsamer man in der ersten Zeit ist, um so schneller begreift der Hund, daß er im Haus sauber sein muß. Hat der Welpe gar nicht erst Gelegenheit, daß Haus zu verunreinigen, wird er bald erkennen, daß das Lösen auf das Gebiet außerhalb des Hauses beschränkt ist.

OBEN: Nie darf man bei der Erziehung auf Fehler des Welpen ärgerlich werden. Hierdurch könnte man sein Vertrauen ernsthaft schädigen.

UNTEN: Gewöhnung an Halsband und Leine beginnt am besten im Garten. Auf diese Art kann man den Welpen so erziehen, daß nach Abschluß des Impfprogramms er schon gut an der Leine mitgeht. Fotos: Carol Ann Johnson.

OBEN: Das Haarkleid des Border Collies läßt sich leicht pflegen. Man achte darauf, daß in den Befederungen von Brust, Läufen und Rute sich keine Verfilzungen bilden.

UNTEN: Etwas exaktere Fellpflege braucht man für Ausstellungshunde. Einige Aussteller baden einige Tage vor der Ausstellung ihren Hund, zuweilen trimmen sie auch das Fell rund um die Fersen, um eine klarere äußere Linie zu schaffen.

Fotos: Carol Ann Johnson.

BORDER COLLIE

GEWÖHNUNG AN HALSBAND UND LEINE Schon in den ersten Tagen solltest Du Deinem Welpen ein leichtes Nylonhalsband anlegen. Solange dieses Halsband leicht und bequem ist, wird der Welpe kaum Widerstand leisten. Beginnt er daran zu kratzen, ist ihm das Halsband unbequem, Du mußt ihn durch Spielen ablenken und bald vergißt er es. Bist Du sicher, daß der Welpe das Halsband akzeptiert hat, solltest Du eine leichte Nylonleine daran befestigen. Anfänglich läßt man den Welpen umhergehen, die Leine hinter sich herziehen. Nach einigen Versuchen kann man damit beginnen, die Leine festzuhalten. Selbst in diesem Frühstadium der Leinenerziehung darfst Du Deinen Welpen *nie* an der Leine hinter Dir herziehen, *ebenso wenig* darf der Welpe nach vorne ziehen. Von Anfang an muß der Welpe lernen, daß Du nur nach vorne gehst, wenn er an Deiner Seite bleibt.

ENTWURMUNG Im Alter von drei Wochen werden Welpen erstmals gegen Spulwürmer behandelt, dann mit zweiwöchigem Abstand mit fünf und sieben Wochen. Diese ersten Entwurmungen erfolgen beim Züchter, er berät den Käufer über das weitere Programm. In den meisten Fällen sollte die Behandlung mit neun und elf Wochen wiederholt werden, danach alle sechs Monate. Möglicherweise empfiehlt der Züchter eine bestimmte Behandlung, man kann aber auch seinen Tierarzt bitten, ein passendes Wurmmittel zu verschreiben.

Bandwürmer befallen in der Regel nur ausgewachsene Hunde. Der Bandwurm ist lang, besteht aus einzelnen flachen Wurmgliedern wie ein Band - daher sein Name. Einzelne Segmente lösen sich vom Wurm, man sieht sie leicht im Stuhlgang des Hundes. Manchmal siehst Du auch im langen Haar an den Hinterläufen Deines Hundes kleine, eingetrocknete Glieder, die wie Gurkenkerne aussehen. Auch hier wird der Tierarzt Dir das passende Wurmmittel verschreiben.

FELLPFLEGE Der Border Collie Welpe sollte sich schon von früher Jugend an daran gewöhnen, gebürstet und angefaßt zu werden, dadurch gewöhnt er sich daran, dies gerne hinzunehmen. Am Anfang brauchst Du nur eine weiche Bürste. In diesem Stadium braucht das Welpenhaarkleid noch keine echte Pflege, aber täglich wenige Minuten weiches Bürsten gewöhnt den Hund an diese Prozedur.

Wenn die Befederung an den Läufen, der Rute und an der Brust zu wachsen beginnt, wird das Haar durchgekämmt, man achtet darauf, daß es zu keinen Knoten oder Verfilzungen kommt. Man kontrolliert auch hinter den Ohren, weil sich hier besonders leicht Pelzverfilzungen bilden. Nach dem Kämmen wird der Hund mit einer festen Bürste tüchtig ausgebürstet, zum Abschluß wird das Haarkleid mit einem Samttuch abgerieben, damit es glänzt. Im Sommer muß man auf Grassamen achten. Diese bleiben im Hundehaar stecken, können dann ihren Weg in die Augen, Ohren oder Nase finden, dort Probleme auslösen. Wöchentlich mehrere Pflegesitzungen reichen aus, um den Border Collie in guter Verfassung zu halten; beim Fellwechsel allerdings ist täglich eine Pflegesitzung fällig. Zu den Vorteilen dieser Fellpflege gehört es, daß man dabei auch regelmäßig den eigenen Hund kontrolliert. Gewöhnt man sich daran, seinen Körper zu befühlen, kann man auch beim Abtasten ungewöhnliche Beulen, Einbuchtungen oder empfindliche Stellen entdecken.

BADEN Ich bade meine Hunde nicht regelmäßig, denn hierdurch werden natürliche Öle aus der Haut entfernt. Trotzdem ist es manchmal notwendig, etwa wenn sich der Hund in etwas Giftigem oder Übelriechendem gewälzt hat, zuweilen auch, daß man insektizides Shampoo zum Bad verwenden muß, um Flohbefall zu bekämpfen.

HALTUNG UND PFLEGE

Für das Baden des Hundes brauchst Du ein Shampoo und ein Haarpflegemittel von guter Qualität. Man stellt den Hund auf eine Gummimatte, entweder in der Wanne oder - im Idealfall - in die Dusche. Auf einer solchen rutschfesten Oberfläche fühlt er sich sicher. Das Fell des Hundes wird mit handwarmem Wasser abgebraust, danach wird Shampoo eingearbeitet. Sorgfältig ausspülen, darauf achten, daß alles Shampoo wieder aus dem Fell kommt. Ehe Du Deinen Hund aus der Dusche springen läßt, solltest Du erst den Großteil der Feuchtigkeit mit einem Tuch herausgetrocknet haben. Achte darauf, daß der Hund nach dem Baden völlig getrocknet wird, entweder mit Tüchern oder - auf niedriger Wärmestufe - mit dem Föhn. Denke daran, daß nach dem Baden das Fell Deines Hundes nicht mehr so wasserdicht ist wie gewöhnlich, denn Du hast alle natürlichen Öle herausgewaschen. Diese bilden sich innerhalb einer Woche, aber in der Zwischenzeit wird Dein Hund bei Regen durch und durch naß, deshalb solltest Du ihn auch regelmäßig trockenreiben.

SCHUTZIMPFUNG Alle Welpen müssen gegen Staupe, Leptospirose, Hepatitis, Parvovirose und Parainfluenza geimpft werden. In vielen Ländern wird auch Schutzimpfung gegen Tollwut verlangt. Das Impfalter ist von Gegend zu Gegend etwas unterschiedlich, am besten kann dies der Tierarzt beurteilen. In den meisten Fällen werden Welpen erstmalig mit acht Wochen geimpft, eine zweite Impfung folgt mit zwölf Wochen. Zwei Wochen nach der zweiten Impfung soll der Welpe genügend Antikörper aufgebaut haben, um nach draußen gebracht zu werden, mit anderen Hunden spielen zu dürfen. Auch Zwingerhusten wird als ansteckende Krankheit geführt, kann bei Welpen wie älteren Hunden gefährlich sein. Nach meiner Erfahrung hilft regelmäßige Dosierung von Knoblauchtabletten dabei, diese Erkrankung zu verhindern. In aller Regel bekommen Hunde den Zwingerhusten durch Kontakt mit anderen. Jedes Zusammenkommen von vielen Hunden ist eine ideale Entwicklungsbasis für diese Erkrankung. Man kann seinen Hund gegen Zwingerhusten impfen lassen, die meisten Tierpensionen verlangen dies sogar bei der Aufnahme des Hundes.

Das Hauptproblem bei der Durchführung des konventionellen Impfprogramms besteht darin, daß die ideale Sozialisierungsphase eines Welpen im Alter von sieben bis fünfzehn Wochen liegt, genau also in der Zeit, in welcher der Tierarzt Dir noch empfohlen hat, ihn von anderen Hunden getrennt zu halten!

FRÜHSOZIALISATION Was die Sozialisierung des Welpen angeht, sollte man seinen gesunden Menschenverstand gebrauchen. Im Alter zwischen sieben und vierzehn Wochen ist der Welpe noch klein genug, um auf dem Arm getragen zu werden. Deshalb kann man ihn auf Spaziergängen mitnehmen, selbst wenn das Impfprogramm noch nicht völlig abgeschlossen ist. Am zweckmäßigsten besucht man ein Einkaufscenter. Hier wählt man einen Sitzplatz, setzt sich den Welpen auf den Schoß, beobachtet all das Hin und Her der Einkäufer, Kinder, Einkaufswagen, Fahrräder, Flaggen, Ballons und Straßenmusikanten. Der Vorteil dieser Methode besteht darin, daß Du Deinem Welpen sehr viel Selbstbestätigung gibst, ihn streicheln kannst, mit ihm sprichst, während er alle diese neuen Erfahrungen aufnimmt.

Dann gehe ich zu einer verkehrsreichen Straßenkreuzung, immer noch den Welpen auf dem Arm, stelle mich dort hin, beobachte Autos, Busse und Lastautos die vorbeifahren. Hierbei hat der Welpe die Möglichkeit, sich an den Verkehrslärm zu

OBEN: Sozialisierung ist ein ganz wichtiger Bestandteil der Früherziehung. Dein Welpe muß vielen verschiedenen Menschen begegnen, neue Umgebungen kennenlernen, um zu einem sich überall anpassenden ausgewachsenen Hund zu werden.

LINKS: Dein Border Collie gewinnt durch jeden Szenenwechsel neue Stimulanzen, freut sich über jede Chance, neues zu erforschen.

Fotos: John Sellers.

OBEN: Ein Junghund lernt immer von einem älteren Hund. Dank Mithilfe eines ausgewachsenen Hundes paßt sich der Junghund viel schneller in das Familienleben ein.

RECHTS: Border Collies brauchen Auslauf genauso notwendig wie immer neue geistige Anregung.

Fotos: Adrienne McCleavy.

gewöhnen. Ebenso vernünftig ist ein Besuch auf dem Bahnhof oder an einer Eisenbahnschranke, wo Du Dich einige Meter vor der Schranke aufstellen kannst. Warte, bis ein Zug vorbeifährt, streichle Deinen Hund, ermuntere ihn nach besten Kräften. Ein weiterer guter Ort zur Sozialisation ist die Umgebung einer Schule, wenn die Kinder herausströmen. Dabei können die Kinder den Welpen - von den Erwachsenen überwacht - streicheln, der Welpe gewöhnt sich daran, von vielen verschiedenen Menschen beachtet zu werden. Auch Autoreisen mit dem Welpen bringen eine Vielzahl von verschiedenen Eindrücken. Beginnst Du schon so früh, entwickelt sich Dein Welpe bestimmt zu einem guten Autoreisenden.

In diesem Alter sollte ein Welpe alle diese Erfahrungen aufnehmen. Lob und Ermunterung stärken sein Selbstvertrauen, helfen dabei, ein festes Band zwischen Hund und Besitzer zu knüpfen. Es ist ebenso wichtig, daß sich Dein Welpe mit anderen Hunden vertraut macht. Um dies zu ermöglichen, treffe ich mich mit Freunden, deren Hunde voll durchgeimpft sind, dann können wir auch etwas Spielzeit im Freien veranstalten.

AUSLAUF Über die genaue Bewegung, die ein Border Collie braucht, gibt es verschiedene Auffassungen. Allgemein anerkannt ist jedoch, daß während der Wachstumsphase der Auslauf des Welpen beschränkt werden muß. Solange Dein Welpe Zugang zu einem eingezäunten Garten hat, in dem er frei laufen kann, findet er ausreichend Bewegung. Du solltest überenthusiastischen Kindern nicht gestatten, daß sie Deinen Welpen zu sehr ermüden; wenn auch ein Welpe einige Bewegung braucht, Schlaf ist ebenso wichtig.

Wenn Du Deinen Welpen mit Leine und Halsband bewegst, sei Dir bewußt, daß dies eine Art erzwungene Bewegung ist. Deinem Welpen bleibt nichts anderes übrig, er muß mitgehen. Solange der Welpe noch unter fünf Monaten ist, eignet er sich überhaupt nicht, Meile um Meile über eine harte Straßenoberfläche zu gehen. Dies kann sich für die weitere Entwicklung des Hundes sogar gefährlich auswirken. Man sollte ebenso wenig Junghunden erlauben, aus Kombies oder Lieferwagen herein- oder herauszuspringen, dies kann die Bänder schädigen.

Ich persönlich glaube nicht, daß selbst ein ausgewachsener Border Collie ganz besonders viel Bewegung braucht. Dies bedeutet aber bestimmt nicht, daß dieser Hund fröhlich in einer Mietwohnung lebt, dabei nur einmal täglich angeleint einen Spaziergang machen darf. Zumindest zwei- bis dreimal wöchentlich braucht ein Border Collie freien, ausgiebigen Auslauf. Dabei muß man ebenso genau beachten, daß ein Hund, der für die Arbeit gezüchtet wurde, genau so wichtig geistige Anregung wie körperliche Bewegung braucht. Du mußt eine Bewegungsroutine ausarbeiten, die sich dem persönlichen Lebensstil anpaßt. Sie sollte aber nicht so streng sein, daß keinerlei Änderungen möglich wären. Beispielsweise mußt Du jemand anderen finden, wenn Du krank bist und Deinen Hund nicht selbst ausführen kannst. Abwechslung ist die Wurzel des Lebens, gerade der Border Collie liebt Autoreisen, selbst wenn sie nicht immer mit einem Spaziergang oder einem freien Lauf enden. Schon der Szenenwechsel und die Freude an der menschlichen Gesellschaft stimulieren den Hund. Keinesfalls darfst Du den Fehler machen, Deinen Hund nie alleine zu lassen. Jedem Hund muß man beibringen, sich für beschränkte Zeiten zu Hause ruhig zu verhalten. Diese Lektion muß man früh beginnen, nach und nach die Abwesenheitszeit verlängern. Wenn man dies nicht rechtzeitig tut, wird man einen überängstlichen Hund besitzen, der sich außerordentlich unwohl fühlt, wenn man ihn alleine läßt.

Kapitel 4
ERZIEHUNG

DIE GRUNDLAGEN Jeder Hund, gleich ob Border Collie, andere Rasse oder Mischling, sollte die Grundlagen der Unterordnung beherrschen. Diese sind insbesondere:
1. Leinenführigkeit ohne zu ziehen.
2. Auf Kommando sitzen.
3. Auf Kommando hinlegen.
4. Auf Kommando bleiben.
5. Auf Ruf kommen.
6. Bei der Fellpflege oder bei der Tierarztkontrolle stehen.
7. Gehorsam auf das Kommando »Nein«!
8. Platz! - In Notsituationen für alle Hunde ein Muß - kann lebensrettend sein.
9. Apportieren. Nicht zwingend notwendig, aber im Alltagsleben recht brauchbar.

VERANTWORTUNGSBEWUSSTER HUNDEBESITZ Für alle Hundebesitzer ist es heute zwingend, die Verantwortung zu übernehmen, daß durch ihren Hund Strassen, Plätze und Parks nicht verunreinigt werden, im Notfall durch Aufnahme des Kots. Die wichtigste Erziehung besteht darin, dem Hund beizubringen, sich auf Kommando zu lösen (vergleiche S. 27). Am liebsten ist es mir, wenn sich meine Hunde im Garten lösen. Ich sorge aber auch dafür, daß sie sich sonst gut benehmen, andernfalls könnte es sonst zu Problemen führen, wenn man beispielsweise mit dem Hund in Urlaub ist. Der ebenso wichtige Teil dieser Übung besteht in der Erziehung des Hundebesitzers, er muß den Kot seines Hundes beseitigen. Wer hierzu nicht bereit ist, sollte sich keinen Hund kaufen. Es gibt eine Vielfalt von *Poop-Scoops* als Helfer, am einfachsten ist ein kleiner Plastikbeutel, den man umstülpt.

BELOHNUNGEN Vor Beginn der Erziehung mußt Du Dir eine passende Belohnung ausdenken. Sie kann aus Lob mit Worten, körperlichem Lob, Leckerbissen, ein Spielzeug oder mit dem Hund spielen bestehen. Jeder Hundebesitzer muß sich die für seinen Hund geeignetste Belohnung ausdenken. Am besten spielst Du dafür mit Deinem Hund, beobachtest, auf welche Belohnungsart er am positivsten reagiert.
   Es macht wenig Sinn, einem übererregten Hund sehr viel körperliches Lob zukommen zu lassen - hierdurch regt sich der Hund immer mehr auf. Ebenso wenig wird man Erfolg bei der Belohnung mit einem Leckerbissen haben, wenn der Hund gerade seine Mahlzeit verzehrt hat - meist ist er dann viel zu satt, um sich darum zu kümmern. Man sollte auch daran denken, gelegentliches Lob regt Deinen Hund meist mehr an als eine Belohnung, die jedesmal erteilt wird.

BEI FUSS Ich mag das Wort »Fußarbeit« überhaupt nicht, denn es gibt einen riesigen Unterschied zwischen der *Fußarbeit im Wettbewerb* und was der Hundebesitzer tatsächlich braucht, der mit seinem Hund spazieren gehen möchte, ohne daß ihm sein Hund nahezu den Arm ausreißt. Wenn Du Deinen Border Collie auf einen Spaziergang mitnimmst, beginnt dieser bereits im Haus, wenn Du ihm die Leine anlegst. Dies sollte ruhig geschehen, der Hund in der Position Sitz. Wenn Du die Leine im Haus auch für Erziehung und Pflege verwendest, vermeidest Du die automatische Verbindung von Leine mit Spazierengehen, die daraus entstehende

OBEN LINKS: Leichter Druck auf die Hinterhand fordert das Sitzen des Welpen.
OBEN RECHTS: Bald sitzt Dein Hund freiwillig in der Stellung »Fuß«.

UNTEN: Achte darauf, daß Dein Welpe an der Erziehung Freude hat, notwendig sind Unterbrechungen und viel Spiel. Fotos: John Sellers.

OBEN LINKS: Platz ist eine sehr wichtige Übung. Die meisten Welpen erlernen sie schnell.

OBEN RECHTS: Versuche immer die Aufmerksamkeit Deines Hundes auf Dich zu konzentrieren. Dies ist der Schlüssel zur erfolgreichen Erziehung.

RECHTS: Bei der Übung »bei Fuß« muß man selbst immer fröhlich und entspannt sein. Mit dem Heranreifen des Hundes gewinnt man immer mehr Genauigkeit und Präzision.

Fotos: John Sellers.

BORDER COLLIE

Übererregung. Der nächste Schritt ist der Gang bis zur Tür. Du sollst Dich vom Hund nicht zur Tür ziehen lassen. Wenn er vorausprescht, gehe selbst drei Schritte zurück, danach neu beginnen. Nur Schritt für Schritt nach vorne gehen, wenn der Hund zur Seite ist. Kommst Du an die Tür wird diese geöffnet, und Du gehst vor dem Hund durch die Tür. Versucht der Hund sich durchzuzwängen, wird die Tür geschlossen. Öffne sie wieder, zwängt sich der Hund erneut in die offene Tür, wird sie nochmals geschlossen. Meist braucht es nur zwei bis drei Wiederholungen, bis Dein Hund lernt, stehen zu bleiben und zu warten, bis Du zuerst gehst. Wiederhole die gleiche Übung an der Gartentür. Wenn Du jetzt zum Gehweg kommst, wird das ganze wiederholt. Du gehst nur nach vorne, wenn Dein Hund eng an Deiner Seite ist. Sobald er nach vorn zieht, anhalten, drei bis vier Schritte zurück, der Hund wird in seine korrekte Stellung gebracht. Dann - und nur dann - geht es die ersten Schritte nach vorn. Bald versteht der Hund, daß er nirgendwo hinkommt, wenn er zieht. Denke daran, es liegt an Deiner Aufmerksamkeit, gekoppelt mit freundlichem Lob, wenn der Hund in korrekter Position ist, was die besten Ergebnisse bringt.

Das für diese Übung gebrauchte Kommando »Fuß« oder »zu mir« - ist völlig gleichgültig, solange Du immer das gleiche Wort verwendest, so daß Dein Hund das Kommando mit der richtigen Stellung verbindet. Wenn Du mit Deinem Hund spazieren gehst, solltest Du ihn nicht mit dauernd wiederholten Kommandos »Fuß« übellaunig machen - der Hund schaltet einfach ab, beginnt Dich zu ignorieren. Das Ziel ist immer, daß der Hund *mit Dir spazieren geht*, solange er dies tut anstelle zu ziehen, solltest Du ihn nicht zu häufig korrigieren, weil er etwas seitlich oder zu weit vorne läuft. Es geht darum, kein nach vorne ziehen zu akzeptieren - und wenn doch, muß der Hund daran erinnert werden, daß Du am anderen Ende der Leine bist.

SITZ Eine Übung, die sich leicht lehren läßt. Man hält einfach ein Leckerli direkt über die Hundenase, bewegt dann die Hand nach oben, über den Kopf des Hundes. Da sich der Hund nach dem Leckerbissen reckt, bewegt sich sein Hinterteil zwangsläufig Richtung Boden, dadurch entsteht eine perfekte Position Sitz. Nie darf man das Kommando »Sitz!« vergessen - im gleichen Augenblick, wenn der Welpe reagiert, erhält er tüchtiges Lob und wird mit dem Leckerbissen belohnt. Auch im weiteren Verlauf sollte man bei jeder Mahlzeit den Welpen in die Position Sitz bringen.

PLATZ Die meisten Liebhaberbesitzer lehren ihre Hunde das Sitz, weniger aber das Ablegen. Trotzdem ist dies eine sehr wichtige Übung, für Border Collie Besitzer ein *Muß!* Man beginnt mit dem Welpen in der Position Sitz, kniet sich an seine Seite. Man hält ein Spielzeug oder einen Leckerbissen in der rechten Hand, unter der Welpennase, bewegt diesen nach unten, ermuntert den Welpen, sich nach vorn zu lehnen. Gleichzeitig drückt man mit der linken Hand sanft gegen die Schultern des Welpen, damit er in die Position Platz gleitet. Einige Augenblicke muß man ihn freundlich in dieser Position halten, bevor man ihn wieder daraus befreit und belohnt.

BLEIB AUF KOMMANDO

Platz-Bleib da! Diese Übung ist leichter zu lehren als das »Sitz-Bleib da«, besonders mit Border Collies, denn für sie ist »Platz« eine natürliche Stellung. In der Praxis, bei *Unterordnung im Wettbewerb* lehren einige Ausbilder die Position Platz überhaupt nicht, solange sie noch nicht ein richtiges »Sitz-Bleib da!« erreicht haben. Damit möchten sie vermeiden, daß sich der Hund aus der Position »Sitz-Bleib« niederlegt. Beim Liebhaberbesitzer besteht das Ziel darin, den Hund zum Bleiben zu veran-

ERZIEHUNG

lassen, seine Stellung ist demgegenüber weniger wichtig. Läßt man seinen Hund über längere Zeit zurück, sollte dies immer in der Position Platz sein - einer natürlichen Stellung des Hundes. Bei allen »Bleib-Übungen« wird der Name des Hundes nie genannt, denn dies geschieht sonst, um ihn aufmerksam zu machen, und Du möchtest ja nicht, daß der Hund während der Übung aufsteht. Dein Kommando sollte nie drohend klingen, vielmehr ruhig und zuversichtlich. Wenn Dein Welpe beim Bleiben ausbricht und aufsteht, fasse sein Halsband, bringe ihn an die alte Stelle zurück und wiederhole die ganze Übung.

Anfänglich läßt man seinen Hund nur wenige Sekunden in der Stellung, kehrt immer zu ihm zurück, lobt ihn noch in der Position Platz. Steht er aus dieser Platzstellung auf, hört das Loben auf. Ist Dein Hund ruhig, kannst Du jeweils die Zeit etwas verlängern, später auch den Abstand. Dies alles immer Schritt um Schritt, in dem man sich jedesmal einige Schritte weiter entfernt, ihn fünfzehn Sekunden länger liegen läßt. Niemals vergrößert man gleichzeitig Zeit und Abstand. Möchte man den Welpen längere Zeit zurücklassen, sollte man in der Nähe bleiben, bei weiterer Entfernung wird die Zeit des Bleibens verkürzt. Wenn man diese Übung täglich wiederholt, hat man bald einen Hund, der sich ablegt, wartet, wie er geheißen wurde.

Hast Du Deinen Hund in dieser Art erst einmal erzogen, sollte man ihn nie alleine etwa auf einer Straße oder vor einem Geschäft zurücklassen - dies ist viel zu gefährlich. Bei solchen Gelegenheiten muß der Hund sicher an einem festen Gegenstand angebunden sein. Ich habe schon gesehen, wie ein Hund an ein tragbares Eiscremeschild gebunden wurde, als plötzlich in einem Auto eine Fehlzündung auftrat, geriet der Hund in Panik, zog das Schild hinter sich her. Den Hund konnte ich erst wieder einfangen, als das Schild sich zwischen zwei geparkten Autos verfing. Dieses Ereignis führte zu einem sehr erschrockenen Hund und zwei beschädigten Autos - ganz abgesehen vom Eiscremeschild. Dies alles hätte vermieden werden können! Die schlimmsten Fälle, die ich beobachtet habe, waren Hunde, die am Kinderwagen festgebunden wurden, oft noch das Kind im Wagen. Stelle Dir das erwähnte Unglück vor, wenn der Hund an einem solchen Kinderwagen angebunden gewesen wäre!

Sitz-Bleib da! Es gelten die gleichen Regeln wie beim »Platz-Bleib da«, dieses Mal beginnst Du die Übung nur, während der Hund angeleint neben Dir sitzt. Halte die Leine über den Kopf des Hundes, aber nicht zu fest. Versucht der Hund sich niederzulegen, wird die Leine angezogen, das Kommando »Sitz-Bleib!« wiederholt. Befindet sich der Hund wieder in korrekter Stellung, wird die Leine ein wenig gelockert. Klappt diese Übung, wird der Hund abgeleint. Niemals würde ich von meinem Hund ein Bleiben in sitzender Position über mehr als wenige Minuten verlangen.

Steh-Bleib! Diese Übung braucht man nur bei der Fellpflege, dem Vorführen beim Tierarzt oder auf einer Hundeausstellung. Diese Übung beginnt man am besten bei der regelmäßigen Fellpflege. Man legt dem Hund die Leine an, Kommando »Steh«, dabei hält man ihn in dieser Stellung. Auf diese Art verbindet sich für den Hund schnell das Kommando mit Stillstehen und Angefaßtwerden. Die Übung wird wie die anderen entwickelt, aber immer nur auf wenige Minuten Dauer beschränkt.

HERANKOMMEN - »HIER!« Mit dieser Übung beginne ich immer zu den Mahlzeiten, rufe den Welpen bei seinem Namen, begleitet von dem Kommando »Hier!« Wenn der Welpe beim Vorbereiten der Mahlzeit dabei ist, bittet man ein anderes Fa-

OBEN LINKS: Die Erziehung auf das Kommando »Paß auf« hilft, den Hund auf den Führer zu konzentrieren.

OBEN RECHTS: Im Unterordnungswettbewerb muß sich der Hund bei der Übung »Fuß« voll auf seinen Führer konzentrieren.

RECHTS: Die Ausbildung sollte immer Spaß machen. Verwendet man dabei als Belohnung ein Spielzeug oder Futter, hat der Hund an den Ausbildungszeiten viel mehr Spaß.

Fotos: John Sellers.

HERANKOMMEN

LINKS: Kommando »Bleib« Dabei wird das Wortkommando durch ein Handzeichen verstärkt.
OBEN: Umwenden und sich dem Hund gegenüber stellen, danach Kommando »Hier!«
UNTEN LINKS: Der Hund sollte in gerader Linie freudig zu Dir herankommen.
UNTEN RECHTS: Beim Führer angekommen muß sich der Hund setzen.

Foto: John Sellers.

milienmitglied, mit dem Hund an das andere Ende des Zimmers zu gehen, ihn dort festzuhalten, bis das Kommando ertönt. Denke daran, den Welpennamen immer gemeinsam mit dem Kommando »Hier!« zu gebrauchen. Wenn er herangelaufen kommt, wird die Futterschüssel festgehalten, folgt das Kommando »Sitz!« Sobald der Welpe sitzt, erhält er sein Futter und tüchtiges Lob. Bei einem älteren Hund, der sich möglicherweise mehr ablenken läßt, würde ich für das Herankommen als Hilfe eine lange Leine einsetzen. Eine solche Leine sollte etwa zehn Meter lang sein, man erhält sie in den meisten Zubehörläden. Draußen im Gelände wird die lange Leine mit dem Hundehalsband verbunden, der Hund zieht sie hinter sich her. Man sollte das andere Ende der Leine nicht festhalten. Ist der Hund durch Geruchserlebnisse abgelenkt, geht man selbst zum freiliegenden Ende, stellt sich darauf. Jetzt wird der Hund beim Namen gerufen, Kommando »Hier!« Ignoriert er den Befehl, wird die Leine aufgenommen, erhält er einen schnellen Ruck. Sobald der Hund heran ist, beugt man sich nach vorne, gibt ihm einen Leckerbissen und lobt ihn tüchtig.

Wenn man die lange Leine auf diese Art einsetzt, läuft der Hund weiterhin frei, trotzdem kann man das Kommando »Hier« verstärken, notfalls erhält der Hund auf dem Weg zum Führer einen zusätzlichen verstärkenden Ruck. Kommt er zurück, immer tüchtig loben und belohnen. Zu dieser Übung sollte man ausschließlich die lange Leine ohne Automatik einsetzen. Eine Rolleine ist für diese Aufgabe ungeeignet. Die lange Leine wird beim freilaufenden Hund nicht abgenommen, solange man im Gelände nicht hundert Prozent sicher ist, daß der Hund auf Ruf zurückkommt.

»NEIN!« ODER »AUS!« Diese Kommandos - unabhängig welches Du gebrauchst - bedeuten: »Aufhören, was immer Du auch gerade tust!« Die Kommandos lehre ich dem Junghund etwa im Alter von fünf Monaten, verwende dabei Leckerbissen. Ich setze mich auf einen Stuhl, der Hund sitzt vor mir, erhält ein paar Leckerbissen. Dann lasse ich einen Leckerbissen auf den Boden fallen. So sehr der Junghund auch auf den Boden starrt, ich sage »Nein!« - gleichzeitig hebe ich den Leckerbissen selbst vom Boden auf. Die gleiche Übung wird wiederholt, der Hund erhält einige Leckerbissen, wieder fällt eins auf den Boden. Der Tonfall, mit dem man das Kommando erteilt, hängt immer von der Reaktion des Hundes ab. In den meisten Fällen hat der Hund bereits beim dritten Mal gelernt, daß ein auf den Boden gefallener Leckerbissen nicht automatisch sein Eigen ist, daß »Nein!« stoppt, was immer er gerade tut. Nach meiner Erfahrung ist diese Lektion besonders notwendig, wenn man gleichzeitig Hunde und kleine Kinder hat. Häufig spaziert meine Enkelin mit einem ganzen Paket Kekse durch die Gegend. Wenn sie jetzt zufälligerweise einen Keks fallenläßt, stürzt sich der Hund bestimmt nicht darauf, und nimmt der Kleinen die Süßigkeit weg.

PLATZ IM NOTFALL! Diese Übung gehört zu den allernützlichsten - manchmal wird sie zum Lebensretter. Kürzlich hörte ich von einem Border Collie, dessen Leben in einem Notfall gerettet wurde, weil er diese Übung richtig gelernt hatte. Sein Besitzer ging mit ihm auf dem Grasstreifen am Rande eines verkehrsreichen Kreisverkehrs, wobei eine doppelte Autobahn darüber hinwegging. Der Junghund lief an der Leine, hatte plötzlich die Idee, daß er nicht durch eine Pfütze gehen wollte. Er zog sich das Halsband über den Kopf, lief in Panik davon. Glücklicherweise hatte ihm sein Besitzer wenige Wochen zuvor das »Platz-Bleib!« beigebracht. Er schrie »Platz!«, der Hund fiel wie ein Stein auf den Boden, blieb an Ort und Stelle, bis sein Besitzer zu ihm gekommen war, die Leine wieder am Halsband festmachen konnte.

ERZIEHUNG

Solche Möglichkeiten machen es erforderlich, das »Platz für Notsituationen« richtig zu lehren, das sich im geschilderten Fall so hervorragend bewährte.

Obgleich man kurzzeitige »Platz-Bleib!« Situationen bereits mit vier Monaten lehren kann, beginne ich mit dem »Platz für Notfälle« erst im Alter von sieben bis acht Monaten. Border Collies reagieren in der Regel auf das Kommando »Platz« so schnell, daß man es ihnen in einigen Fällen kaum beizubringen braucht. Trotzdem lohnt es sich immer, diese Übung formell zu erziehen, so daß der Hundebesitzer sicher sein kann, daß der Hund genau versteht, was von ihm verlangt wird.

Am besten lehrt man die Übung auf weichem Gras, denn der Hund sollte sich von einem Augenblick zum anderen sehr schnell in die Position »Platz« werfen. Anfangs führe ich den Hund links von mir an loser Leine, die Leine befindet sich in meiner rechten Hand in Hüfthöhe. Wenn es der Hund am wenigsten erwartet, erteile ich das Kommando »Platz!«, gleichzeitig stößt meine rechte Hand vor meinen Körper etwa zum Brustbereich des Hundes, zieht gleichzeitig die Leine nach vorn und unten. Mit der linken Hand drücke ich die Schultern des Hundes nach unten. Wenn ich dies korrekt durchgeführt habe, sollte der Hund wie ein Stein auf den Boden fallen. Sobald der Hund in der Position Platz liegt, wird er tüchtig gelobt, folgen Spiel und Belohnung. Wenn Du es beim ersten Mal schaffst ist dies eigentlich alles, was Du bei den meisten Border Collies brauchst, um zu einem sofortigen »Platz!« zu kommen.

DAS APPORTIEREN Diese Übung kann man bereits in frühester Jugend im Spiel beginnen. Tatsächlich lehren aber viele Hundebesitzer ohne es zu merken, ihre Hunde *nicht zu apportieren*. Meist passiert folgendes - ein Welpe nimmt etwas auf, was er nicht sollte, sein Besitzer sieht dies und läuft dem Welpen nach, schreit ihn an, befiehlt auszulassen. Gelingt es dem Besitzer, den Welpen einzuholen, zieht er ihm den Gegenstand aus dem Fang, und der Welpe erhält eine Strafpredigt. Und jetzt denke genau darüber nach, was eigentlich passiert ist! Der Welpe hat gelernt, daß er für das Aufnehmen eines Gegenstandes angeschrien wurde, der ganze Ärger aufhörte, als er den Gegenstand fallen ließ.

Viel hilfreicher wäre es, diese negative Situation in eine positive zu verwandeln. Wenn der Welpe etwas aufnimmt und wegläuft, kniet man sich auf den Boden, ruft den Junghund und ermuntert ihn, zurückzukommen. Auf diese Art läuft der Welpe auf Dich zu, gleich was er gerade aufgenommen hat. Bei Dir erhält er seine Belohnung, einen Leckerbissen. Übrigens - alle guten Hundeerzieher haben einen Leckerbissen in der Tasche! Du kannst ihm auch ein Spielzeug im Tausch anbieten, mit ihm spielen. Auf diese Art hast Du den Welpen gelehrt, Dir Dinge zu apportieren, eine Belohnung zu erhalten - und dies ist die Grundlage für das Apportieren.

Wahrscheinlich glaubst Du, es sei vor allem notwendig, dem Welpen das Aufnehmen eines verbotenen Gegenstandes zu untersagen. Aber hierfür hast Du die richtige Gelegenheit schon verstreichen lassen, denn der Welpe verbindet die Strafpredigt mit dem Tragen des Gegenstandes - nicht mit dem Aufnehmen! Ist der Welpe erst mit dem Gegenstand weggelaufen, verbleibt Dir nur, die Situation zu Deinem Vorteil umzuwandeln, den Welpen zu veranlassen, Dir den Gegenstand zu bringen und eine Belohnung zu erhalten. Dir bleiben immer nur zwei Chancen, entweder die vorstehende Methode oder dem Hund nachzulaufen - und es gibt wenig Aussichten, daß Du das Nachlaufspiel gewinnen kannst.

Am liebsten lehre ich einem Welpen stets im Spiel das Apportieren, indem ich mich in eine Toreinfahrt oder ein anderes eingezäuntes Gelände setzte. Dadurch kann der Welpe nicht mit dem Spielzeug oder Ball weglaufen. Meistens verwende ich

DAS APPORTIEREN

LINKS: Vertrautmachen mit dem Apportierbock erfolgt stets im Spiel, so daß bei späterer Normalausbildung der Hund bereits den Gegenstand liebt, gerne apportiert.

Fotos: John Sellers.

UNTEN LINKS: Der ausgewachsene Hund muß lernen, das Apportierholz zu halten, ohne daran herumzukauen.
UNTEN RECHTS: Kommando »Warten!«, erst dann wird das Apportierholz geworfen.

ERZIEHUNG

LINKS: Der Hund muß neben dem Führer warten, bis er das Apportierkommando erhält.

RECHTS: Kommando »Hol's!«, erst dann darf der Hund loslaufen und das Apportierholz aufnehmen.

UNTEN: Das Apportierholz ist zurückgebracht, und dem Führer angeboten.

einen kleinen mit einem Seil verbundenen Ball, spiele mit dem Welpen, werfe ihm den Ball. Hat der Welpe den Gegenstand eingefangen, können wir tüchtig Seilziehen spielen, dann den Gegenstand wieder werfen. In diesem Frühstadium gebe ich wenig Kommandos, wir spielen ganz einfach. Nimmt der Welpe den Ball auf, sage ich ihm »Hol's!«, aber mehr nebensächlich, so daß der Welpe erst nach und nach das Kommando »Hol's!« damit verbindet, daß er den Gegenstand im Fang trägt. Erst in der späteren Ausbildung kommt dann das zusätzliche Kommando, wonach er mit dem Abgeben zu warten hat.

Bei einem älteren Hund benutze ich eine leichte lange Leine - genauso wie bei dem Herankommen. Hiermit kann ich den Hund mit dem Gegenstand zu mir zurückleiten, ihn daran hindern, wegzulaufen. Um den Hund, der anfänglich wenig Neigung zum Apportieren zeigt am Apportieren zu interessieren, benutze ich eine Vielzahl von Spielen und Seilziehspielen. Möglicherweise liegt der Fehler daran, daß man ihm früher das Aufnehmen von verbotenen Gegenständen abgewöhnt hatte! In alle diese Spiele darf man keinerlei Strenge bringen, bis der Hund wirklich apportierleidenschaftlich ist, alles aufnehmen möchte. Erst dann kommen die Einzelheiten. Er wird mit dem vorgesehenen Kommando losgeschickt, muß den Gegenstand zurückbringen und vor dem Führer abgeben.

DER FAKTOR ZEIT Ich habe festgestellt, zu Beginn der Hundeausbildung sind eine ganze Menge Hundeliebhaber recht verwirrt. Manchmal scheinen sie eine Minute ihre Hunde zu loben, sie dann gleich wieder zu korrigieren. Am leichtesten versteht man dies mit dem Begriff *Verbindungszeit* - die Zeit, die ein Hund braucht, um das Kommando »Sitz!« - beispielsweise - mit der Aktion zu verbinden, sich mit dem Hinterteil auf den Boden zu setzen, um dann für diese Handlung gebührend Lob zu bekommen. Wenn alle drei Phasen - Kommando, Handlung und Belohnung - in ganz wenigen Sekunden abgeschlossen sind, hat der Hund immer eine bessere Chance, das Kommando mit der Handlung und dem Lob zu verbinden.

RATSCHLÄGE ZUR HUNDEAUSBILDUNG
1. Alle Ausbildungslektionen müssen kurz gehalten werden, bei einem jungen Hund höchstens fünf Minuten auf einmal, nach und nach kann man es auf zehn bis fünfzehn Minuten ausdehnen.
2. Du sollst den Hund immer nur dann erziehen, wenn Du selbst guter Laune bist. Nie Hunde ausbilden, wenn man müde, ärgerlich oder reizbar ist, dabei überträgt man nur die eigene Unwilligkeit auf den Hund.
3. Während der Ausbildung muß der Hund interessiert und glücklich bleiben, man muß genau darauf achten, daß die Erziehung nicht langweilig oder ermüdend wird.
4. Wenn Dein Hund auf Anhieb gleich das tut, was Du von ihm verlangst, versuche nie, es sofort zu wiederholen. Immer besteht die Gefahr, daß es beim zweiten Mal weniger gut verläuft. Am Ende stehst Du dann schlechter da, als bei dem guten Ergebnis des ersten Versuchs.
5. Wenn Du Deinen Hund korrigieren mußt, sollte immer ein Überraschungsmoment darin liegen. Paßt Du den richtigen Zeitpunkt ab, dann reicht häufig eine einzige Korrektur aus. Nach der ersten Korrektur sind alle nachfolgenden weniger wirksam.
6. Richtige Ausbildung erfordert Gleichmäßigkeit. Ein Hund kann ja und nein verstehen, nicht aber, vielleicht oder möglicherweise. Es ist einfach nicht fair, wenn es Dir ums Schmusen geht, Deinen Hund auf den Schoß springen zu lassen, ihn nachher zu disziplinieren, weil er auch den Gästen auf den Schoß gesprungen ist.

Kapitel 5
RICHTIGES KANALISIEREN DES ARBEITSINSTINKTS

Wenn Du in Erwägung ziehst, einen Border Collie zu kaufen, mußt Du Dir vor Augen halten, daß Du Dir einen Hund ins Haus holst, der über viele Generationen zur Arbeit gezüchtet wurde. Diese Arbeitsfreude kann alles andere überschatten, solche Hunde sind Workaholiker. Bei vielen dieser Hunde kann dies, wenn sie ihre Arbeitsveranlagung nicht ausarbeiten können, zu Verhaltensstörungen führen. Diese umfassen Zerstören, laufendes Kläffen oder Nachhetzen. Möglicherweise endet alles mit einem sehr unglücklichen und neurotischen Hund!

Aus diesem Grund glaube ich, daß geistige Anregung zumindest ebenso wichtig ist wie körperlicher Auslauf. Wenn Du Deinen Border Collie nur bewegst, hast Du am Ende zwar einen Hundeathleten voll überschäumender Kraft, aber diese Energie muß kanalisiert werden! Bei einigen Border Collies ist der Jagdinstinkt so stark entwickelt, daß der Hund, dem die Gelegenheit nicht gegeben wird, seine Arbeitsveranlagung auszuüben, am Ende durchaus beginnen wird, Schafe, Vieh, Katzen, Eichhörnchen, Kaninchen, Vögel, Kinder, Fahrräder, Jogger, Autos, Autorücklichter, Blätter oder sogar Schatten nachzujagen. Ich hörte sogar von einem Border Collie, der Zigarettenrauch nachjagte. Alles, was sich bewegt, löst den Jagdinstinkt aus.

WICHTIGE SPIELE Das Zusammenleben mit einem Border Collie ist eine ständige Herausforderung. Du mußt einen Weg suchen, Deinen Hund zu stimulieren, so daß er sich motiviert und ausgelastet fühlt. Das ist nicht so schwierig wie es klingt, einige einfache Spiele helfen dabei, den Verstand Deines Border Collies zu beschäftigen - und gleichzeitig macht es Dir bestimmt viel Freude, mit Deinem Hund zu spielen. Es macht Freude, löst Befriedigung aus, den Hund beim »Arbeiten« zu beobachten - viele lieben jede Minute solchen Spiels.

Nachstehende Spiele sollten dem Hund beigebracht werden, nachdem er zuverlässig im Kommen, Apportieren und Platz-Bleiben geworden ist. Mit diesen Spielen würde ich beim Border Collie etwa in einem Alter von neun bis zehn Monaten beginnen. Achte darauf, die Spiele zunächst leicht zu halten, sie dann mehr und mehr zu erschweren. Für jede Übung brauchst Du ein anderes Kommando, um Deinen Hund nicht zu verwirren. Versagt Dein Hund bei irgendeinem Teil der Übung, zurück zum vorausgegangen Stadium, eigene Methoden kritisch prüfen! Hat Dein Hund wirklich verstanden, was Du von ihm erwartest? Wenn der Hund irgend etwas falsch versteht, ist es in aller Regel der Fehler des Besitzers. Aber am allerwichtigsten, die Ausbildung muß Spaß machen, so daß ihr beide, Du wie Dein Hund die Zusammenarbeit liebt.

PLATZ BEIM HERANRUFEN Der Hund ist in der Position Sitz oder Platz, Du entfernst Dich von ihm, vorher Kommando »Bleib!«. Anfänglich solltest Du nicht zu weit gehen, die Entfernungen werden nach und nach größer. Du drehst Dich zum Hund um, rufst ihn zu Dir, aber auf halbem Weg erhält er das Kommando »Platz!«. Es geht darum, wie genau er an einem zuvor bestimmten Platz zusammensinkt - beispielsweise an einem Grasklumpen, einem Busch oder ähnlichem. Wenn sich Dein Hund gelegt hat, ruf ihn nach kurzer Zeit zu Dir, tüchtig loben und spielen als Belohnung!

OBEN: Border Collies werden mit einem starken Trieb zur Arbeit geboren. Bei diesem Foto starren die an Unterordnung gewöhnten Hunde konzentriert auf ihre Führer, schauen dabei in die Kamera. Die als Hütehunde ausgebildeten Hunde wissen, daß auf dem nächsten Feld zur Rechten Schafe weiden, ihre Aufmerksamkeit ist darauf konzentriert! Foto: Adrienne McCleavy.

UNTEN: Hütehundprüfungen bieten die natürliche Aufgabe für einen Arbeitshund, ein Sport, wo es heute intensiven Wettbewerb gibt. Fotos: Carol Ann Johnson.

*»Bluealloy Tarak« bei einer
Arbeitsprüfung an der Zweimeterwand.
Fotos: Bryan Turner.*

BORDER COLLIE

Aus zwei Gründen darf man diese Übung nicht zu häufig verlangen. Zum einen kommt dabei das »Platz im Notfall« zum Einsatz. Keinesfalls möchte man, daß der Hund dessen überdrüssig wird, es könnte sich im tatsächlichen Notfall schädigend auswirken. Zum anderen hat diese Übung die Wirkung, daß der Hund beim Herankommen langsamer wird.

VERSTECKSPIEL BEIM SPAZIERGANG Mit den übrigen Mitgliedern der Familie ist dies ein großartiges Spiel, insbesondere bei Spaziergängen in bewaldeten Gegenden. Einer hält den Hund fest, verdeckt seine Augen, die anderen Familienmitglieder machen sich auf den Weg in ihre Verstecke. Du wirst staunen, wie schnell der Hund jeden einzelnen findet. Natürlich beginnt man am Anfang hier auch mit einer leichten Aufgabe, bis der Hund begriffen hat, was man von ihm erwartet. Besonders Kinder lieben dieses Spiel.

VERSTECKSPIEL ZUHAUSE Dein Hund wird im Flur eingesperrt, dann versteckst Du sein Spielzeug, einen Hundekuchen oder vielleicht einen Ochsenziemer in einem anderen Zimmer, achtest darauf, daß sich das »Versteckte« leicht finden läßt. Am einfachsten ist es, wenn ein Teil des Gegenstandes für den Hund noch sichtbar ist. Vielleicht versteckst Du es unter einer Teppichkante, einem Sessel oder unter einer Zeitung. Dann darf der Hund ins Zimmer, erhält das richtige Kommando, beispielsweise »Such!«. Sobald der Hund den versteckten Gegenstand gefunden hat, wird er tüchtig gelobt. Hat er nach einem Hundekuchen oder dem Ochsenziemer gesucht, hat er bereits seine Belohnung gefunden!

Wieder kannst Du diese Übung, sobald der Hund weiß, was Du von ihm erwartest, laufend schwieriger machen. Auch dieses Spiel lieben Kinder ganz besonders, allerdings sind die Hunde meist sehr viel schneller als die Kinder!

SUCHE NACH SPIELZEUG Anfangs wirft man das Hundespielzeug in höher stehendes Gras, schickt den Hund zum Suchen nach. Natürlich beginnt man anfangs damit, daß der Hund das Werfen beobachtet, sobald Du aber merkst, daß der Hund mehr und mehr seine Nase, weniger seine Augen einsetzt, um zu finden, können die Übungen schwieriger gemacht werden. Man kann jetzt versuchen, das Spielzeug zu verstecken, ohne daß der Hund zuschaut, dann ihn ausschicken, es zu suchen. Natürlich mußt Du Dir immer selbst fest einprägen, wo Du den Gegenstand versteckt hast, wenn der Hund die Aufgabe nicht schafft, kannst Du ihn etwas näher zur Stelle führen, wo er liegt, ihm zum Erfolg verhelfen. Ich habe immer noch ein zweites Spielzeug bei mir, so daß ich bei schwindendem Interesse des Hundes an einer leichten Stelle das zweite Spielzeug fallen lasse, während er gerade abgelenkt ist. Auf diese Art findet er doch noch ein Spielzeug, hat das notwendige Erfolgserlebnis. Durch diesen Trick wird er des Spiels nie überdrüssig, denn er hat immer Erfolg.

VERLORENER GEGENSTAND Mit angeleintem Hund geht man spazieren, hält ein Spielzeug oder den Ball des Hundes in der Hand. Während des Gehens läßt man das Spielzeug fallen, wobei der Hund dies ruhig beobachten kann. Man geht dann so etwa zehn Meter weiter, macht den Hund aber aufmerksam, fragt: »Wo ist das Spielzeug?« Dann dreht man sich um, blickt in Richtung Spielzeug. Der Hund wird abgeleint, erhält das Kommando »Such!« und jetzt sollte er in voller Fahrt lospreschen, sein Spielzeug suchen. Kommt er erfolgreich zurück, tüchtig loben, jetzt darf er einige Male das Spielzeug apportieren oder es folgt fröhliches Seilziehen.

RICHTIGES KANALISIEREN DES ARBEITSINSTINKTS

Bei dieser Übung kannst Du bald die Entfernung wesentlich vergrößern, bis zu hundert Metern und mehr. Schwieriger macht man es, indem man den Hund nicht zuschauen läßt, wie das Spielzeug herunterfällt. Damit sollte man aber erst beginnen, wenn der Hund weiß, worum es geht, einige Male auch wieder den Abstand verkürzen, um sein Vertrauen aufzubauen.

Diese Übung bekommt ihren eigenen Wert, wenn Du versehentlich bei einem Spaziergang etwas verlierst, beispielsweise Hundeleine, Türschlüssel oder Handschuh. Jetzt macht es Freude, den Hund zur Suche zurückzuschicken!

VERMEIDUNG VON VERHALTENSSTÖRUNGEN Dies ist ein ganz eigenes Thema, und über hundliches Verhalten gibt es zahlreiche Spezialbücher von Experten. In einem Buch dieser Größe kann man das Thema nicht in seiner ganzen Reichweite behandeln, nachstehend aber einige Hinweise, die es zu beachten gilt, insbesondere bei der Erziehung des Border Collies.

Als erstes und wichtigstes - ich bin fest davon überzeugt, daß Vorbeugen immer besser ist als Heilen. Aus diesem Grund nachstehende Liste der notwendigen Verbote:

1. Laß Deinen Border Collie nicht irgendeinem anderen Gegenstand nachjagen als solchen, die Du zu kontrollieren weißt. Auch in alle Spiele mit Jagdcharakter muß stets eine klare Kontrolle eingebaut sein.
2. Laß auch Kinder mit Deinem Hund keine Jagdspiele veranstalten - die einzige Art, wie ein Hund ein Kind hindern kann, wegzulaufen, ist der Gebrauch seiner Zähne.
3. Laß Deinen acht Wochen alten Welpen keinesfalls Futter oder andere Gegenstände beschützen. Wenn dieses Verhalten jetzt gestattet wird, denke nach, wie der ausgewachsene Hund mit achtzehn Monaten reagiert.
4. Laß Deinen Hund beim Anblick der Leine nie - in Erwartung eines interessanten Spaziergangs - übererregt werden. Benutze zur Erziehung und Fellpflege auch in Haus und Garten die Leine.
5. Laß bei Deinem Welpen keine Verbindung mit dem Auto und anschließendem interessanten Spaziergang aufkommen. Unternimm Autofahrten, bei denen der Hund nie unterwegs aus dem Auto herausgenommen wird, abwechselnd mit Reisen, die in Spaziergängen enden. Auf diese Art weiß Dein Hund nie im voraus, was ihn erwartet.
6. Laß Deinen Hund nicht um Futter bellen, ebenso wenig in Erwartung eines Spaziergangs oder gar eines Spiels.
7. Laß Deinen Hund nicht diktieren, wann Du spazieren gehen, ihn füttern oder mit ihm spielen möchtest. Du bist derjenige, der bei solchen Dingen initiativ wird.
8. Lobe Deinen Hund nie unabsichtlich für nervöses Verhalten. Nur zu leicht verhält man sich als Hundebesitzer für seinen Hund zu beschützend, unterstützt den Welpen so sehr, daß er unfähig wird, auf sich selbst gestellt zurecht zu kommen, wachsend nervös und neurotisch wird.
9. Laß Deinen Welpen nicht ununterbrochen um Dich sein. Achte darauf, daß er sich täglich über kürzere Zeitabschnitte auch in einem eigenen Zimmer ruhig verhält.
10. Laß Deinen Hund nicht am Tische betteln.
11. Laß Deinen Hund nicht als erster durch die Tür gehen.
12. Laß Deinen Hund nicht in die Bürste beißen, wenn Du ihn pflegst.
13. Laß Deinen Hund Dich nicht anspringen.
14. Laß Deinen Junghund auf der Straße nicht ohne Halsband und Leine gehen.

OBEN: Der Border Collie liebt nichts mehr als die Herausforderung aktiver Arbeit, entsprechend seinen Fähigkeiten. Bei der Agilityarbeit müssen die Hunde Freisprung, Weitsprung und viele andere Hindernisse überwinden.

VISAVIS: Bluealloy Tarn bei der Rückkehr über die Flyball Sprünge. Dies ist Teamarbeit, Schnelligkeit ist das wichtigste Kriterium. Bei dieser Disziplin ist der Border Collie überragend. Er liebt den Wettbewerb.
Fotos: Bryan Turner.

BORDER COLLIE

ZUSAMMENFASSUNG Wenn Du diese *laß nicht* Ratschläge beachtest, sollten dadurch viele Probleme gar nicht erst entstehen. Wenn man dem Hund keine schlechten Gewohnheiten erlaubt, braucht man sich mit der viel schwierigeren Aufgabe, falsches Verhalten zu korrigieren, nicht zu befassen. Noch einmal soll hier unterstrichen werden, daß ein dem Müßiggang nachgehender Border Collie in aller Regel zu einem schwierigen Hund wird. Sein Arbeitsinstinkt muß auf konstruktive Art kanalisiert werden, so daß sich der Hund immer gefordert und motiviert fühlt. Ist sein Verstand auf diese Art beschäftigt, wird er fröhlich die Begrenzungen akzeptieren, die Du seinem Verhalten auferlegst, wird zum idealen hundlichen Lebensgefährten. Wenn Du nicht freiwillig bereit bist, mit Deinem Border Collie zu arbeiten, würdest Du sehr viel besser beraten sein, eine Hunderasse zu wählen, die weniger Anforderungen an ihren Besitzer stellt.

DER ALLZWECK-BORDER COLLIE In allen hundlichen Disziplinen ragt der Border Collie heraus, Teil des Spaßes an diesem Hund ist seine Ausbildung in irgendeiner Spezialdisziplin. Ihre Aufgaben - beispielsweise *Sheepdog Trials* - sind für den normalen Hundebesitzer weder praktikabel noch erwünscht. Kannst Du Deinen Hund nicht regelmäßig an einer Schafherde arbeiten lassen, ist es weitaus besser, seine Instinkte gar nicht erst zu entwickeln, andernfalls führt dies im Alltagsleben mit Sicherheit zu Problemen. Es gibt aber eine Fülle anderer Aufgaben, die Du gemeinsam mit Deinem Border Collie angehen kannst.

SHEEPDOG TRIALS   Jedermann verbindet den Border Collie mit dem wunderschönen Bild eines Hundes, der eine Schafherde umrundet, sie schnell und gehorsam zum Schäfer zurückholt. In England gab es eine außerordentlich populäre Fernsehserie *One Man and his Dog*. Sie fand eine Zuschauerschaft von Millionen begeisterter Hundefreunde, welche die *Sheepdog Trials* beobachteten - und sie glaubten tatsächlich, dies sei die Art, wie sich alle Border Collies benehmen.
Der Glauben der Leute, Border Collies besäßen eine Art angeborenen Instinkt, die Schafe zu hüten, sie ohne jede Ausbildung zum Schäfer zurückzubringen, war für mich besonders erstaunlich. In Wirklichkeit gehört der Border Collie - möglicherweise - zu den Hunden, die Schafe am schlimmsten beunruhigen können. Ein nicht ausgebildeter Border Collie jagt aufgrund seines Beuteverhaltens Schafe nur zu nachhaltig - es ist Teil seines tatsächlich angeborenen Instinkts, alles, was sich bewegt - zu jagen. Man braucht viele Monate der Ausbildung, um einen Hund für die Arbeit an der Herde anzulernen, ja es dauert buchstäblich Jahre, um den Leistungsstandard zu erreichen, der bei *Spitzen Sheepdog Trials* gefordert wird.
Alle Hundebesitzer, die sich dieser Sportart verschrieben haben, halten zur Ausbildung ihrer Hunde ihre eigenen Schafe - oder sie haben jederzeit Zugang zu einer Herde. Dies muß unbedingt mit einer genauen Kenntnis der Arbeit an der Herde verbunden sein.
Ein *Sheepdog Trial* besteht aus einem *Outran*. Dabei wird der Hund entweder nach links geschickt (*Come-by*) oder nach rechts (*Away to me*) um die Schafe in Bewegung zu setzen, die am anderen Ende des Übungsfeldes aufgestellt werden. Dann hat der Hund die Schafe in gerader Linie und ruhiger Gangart durch Türen zum Führer zu bringen, um den Führer herum und sie dann den ganzen Parcours zurückzuführen. Danach muß der Hund die Schafe wenden, sie quer durch den Parcours in einen Schutzring führen. Im Schutzring hat der Führer mit Hilfe seines Hundes ein paar markierte Schafe auszusortieren. Danach versammelt der Hund die

RICHTIGES KANALISIEREN DES ARBEITSINSTINKTS

anderen Schafe, führt sie in einen Pferch, alles innerhalb einer vorgeschriebenen Zeit. Für die einzelnen Arbeitsabschnitte dieses Parcours werden Punkte verliehen, und der Hund und Führer mit der höchsten Punktzahl gewinnt.

Die Border Collie Clubs teilen auf Anfrage gerne mit, wo solche *Sheepdog Trials* abgehalten werden, geben auch gerne jede weitere Information.

AGILITY In der Welt der Hunde ist Agility ein verhältnismäßig junger Sport. Alles begann auf der *Crufts Dog Show* im Jahre 1978, wo zwei Teams gegeneinander antraten. Über die letzten 17 Jahre hat dieser Sport immer mehr Anhängerschaft gefunden. Agilitywettbewerbe sind heutzutage so populär geworden, daß bis zu vierhundert Hunde zum Wettbewerb angemeldet werden. Die Zeiten, in denen die Parcours absolviert werden müssen, werden schneller und schneller. Heutzutage müssen Hundeführer genauso fit und beweglich sein wie ihre Hunde, um eine Chance zu haben, mit einer Plazierung - einer Rosette nach Hause zu kommen.

Der Agilityparcours besteht aus einer Reihe von Sprüngen, festen Tunneln und Stofftunneln, Kontakthindernissen, darunter Schrägwand (A-Rahmen), Laufsteg, Wippe und Slalomstangen. Die Schwierigkeit besteht darin, die Hunde völlig unter Kontrolle zu haben, daß sie bei hoher Geschwindigkeit die Hindernisse immer in der richtigen Richtung angehen. Für die Liebhaber von Agility gibt es verschiedene Klassen, von Anfängern bis zu Fortgeschrittenen.

Immer mehr Clubs befassen sich mit Agility, es gibt eine große Anzahl von Wochenend- und Wochenkursen. Obwohl es sich hierbei um einen außerordentlich vom Wettbewerb geprägten Sport auf hoher Ebene handelt, macht die Teilnahme viel Spaß. Border Collies sind von ihrer Natur her schnell und beweglich, besonders geeignet für schnelle Wendungen, sie überragen in dieser Disziplin. Wahrscheinlich das Wichtigste ist aber - sie lieben Agility für jeden erkennbar.

Allen Interessenten seien die zwei Bücher von Ruth Hobday *Agility macht Spaß* - KYNOS VERLAG empfohlen.

FLYBALL Flyball ist die jüngste Hundesportart, sie stammt aus Amerika und wieder überragt der Border Collie bei dieser Aufgabe. Viele lieben Flyball besonders, weil anders als bei den übrigen Sportarten, wo das Ergebnis von einer Person, einem Richter und seiner Meinung über die Plazierungen abhängig ist, Flyball durch die Schnelligkeit des Teams bestimmt wird. Entweder gewinnt man oder verliert, das ist es! Die Hunde lieben die Flyballrennen wirklich, weil sie selbstmotivierend wirken.

Ein Team von vier Hunden muß über vier niedrige Sprünge zur *Flyballbox* rennen. Trifft der Hund mit der Vorderpfote ein Pedal, wird ein Tennisball in die Luft geschleudert. Diesen fängt der Hund, kommt über die vier Sprünge zurück. Dann startet der nächste Hund und so weiter, bis alle vier Hunde den Parcours abgeschlossen haben. Der Parcours ist 51 Feet (15,5 Meter) lang, das schnellste Team in England sind die *Jets*, sie erreichten eine Zeit von 18,2 Sekunden. Zur Stunde wird allerdings der Weltrekord von einem amerikanischen Team namens *Border Patrol* gehalten, sie erreichten eine Zeit von 17,39 Sekunden.

Die Rennen beginnen mit Startlichtern, das Rennergebnis wird durch elektronische Zeitermittlung festgestellt. Flyballboxen werden entsprechend den Anforderungen jedes einzelnen Teams entworfen.

UNTERORDNUNGSWETTBEWERBE Über viele Jahre waren Unterordnungswettbewerbe eine der wenigen Arten von »Hundesport« für den Hundeliebhaber.

OBEN: Balance, Schnelligkeit und Kontrolle sind die wesentlichen Elemente der Agility.

UNTEN: Hund und Führer müssen fit und schnell sein, um auf höchster Ebene in Wettbewerb zu treten.

SEITE VISAVIS: Unterordnungswettbewerbe fordern schnelle Reaktionen, Konzentration und Präzision. Wieder dominiert in diesen Wettbewerben der Border Collie.

Fotos: Carol Ann Johnson.

BORDER COLLIE

Heute fordern diese neuen Disziplinen bei der Arbeit große Präzision, ähneln fast eher Dressuren in der Pferdewelt. Dies hat dazu geführt, daß viele Hunderassen, die über die letzten vierzig Jahre zum Wettbewerb antraten, für solche präzise Unterordnungsarbeit weniger geeignet sind. Heute werden die Unterordnungswettbewerbe von Border Collies, *Working Sheepdogs*, Deutschen Schäferhunden und Retrievern dominiert. Auch andere Rassen treten zum Wettbewerb an, sie sind aber mehr die Ausnahme als die Regel.

Auch diese Wettbewerbe erfolgen in verschiedenen Schwierigkeitsstufen, von den Anfängern bis zu den Klassen A, B und C. Von Land zu Land sind die Anforderungen etwas verschieden, im Grundsatz aber sehr ähnlich. Hundeführer müssen in jeder Klasse eine Reihe von Arbeiten durchführen. Je nach dem Leistungsstand werden diese zunehmend schwieriger. Hierzu gehören: Leinenführigkeit, frei Folgen, Herankommen, Apportieren, Vorausschicken, Kontrolle auf Distanz, Nasenarbeit, Sitz, Steh und Platz mit Bleiben. Für jede Übung erhält der Hund Punkte, Fehler von Hund oder Führer führen zu Punktverlusten.

ARBEITSPRÜFUNGEN Es gibt eine ganze Reihe von Arbeitsprüfungen für Hunde und ihre Besitzer, Ziel ist das Bestehen der Prüfung, weniger der Wettbewerb gegenüber den anderen. Aber auch in dieser Disziplin braucht man eine hohe Punktzahl, um sich zu qualifizieren. Es gibt vier Schwierigkeitsstufen, die von Land zu Land etwas variieren. In England umfassen sie folgende Titel: *Companion Dog (CD), Utility Dog (UD), Working Dog (WD), Trecking Dog (TD)* und *Patrol Dog (PD)*.

Die einzelnen Aufgaben bestehen wiederum aus Folgen bei Fuß, mit und ohne Leine, Herankommen, Apportieren, Vorausschicken, Suchen, Schußgleichgültigkeit, Spurensuche, Bellen auf Kommando und Bleiben. Es gibt auch Agilitybereiche, bei denen der Hund einen Freisprung, einen Weitsprung und eine Kletterwand zu überwinden hat. Das Polizeihunde-Kennzeichen (PD) wird in erster Linie von Polizeihundeführern errungen. Es ist die schwierigste aller Aufgaben, enthält auch echte kriminalistische Arbeit, ist bestimmt keine Aufgabe für den Durchschnittshundeliebhaber.

HUNDEAUSSTELLUNGEN Auf Hundeausstellungen werden Hunde auf Schönheit, Anatomie und Bewegungsablauf beurteilt. Um hier anzutreten, muß der Border Collie bei einem nationalen Hundezuchtverein eingetragen sein. Die Bewertung erfolgt gegenüber dem Rassestandard den schriftlich niedergelegten Anforderungen an die Hunderasse.

Der Richter beurteilt jeden einzelnen Hund, bewertet dabei Kondition wie Haarkleid, Farbe, Anatomie, Zahnstellung, Kopfform, Augenfarbe, Ohrenhaltung und Gesamteindruck. Der Hund wird auch im Bewegungsablauf vorgestellt. Den Abdruck des Rassestandards findet der Leser auf Seite 3 dieses Buches. Ziel der Hundeausstellung ist den Hund herauszustellen, der nach Auffassung des Richters dem Standard am nächsten kommt, die anderen Hunde werden nach dem gleichen Prinzip plaziert. Auf großen Championatsausstellungen findet ein recht lebhafter Wettbewerb statt. Zielsetzung ist der Titel eines Ausstellungschampions. Beim Border Collie kann der volle Championatstitel nur dann erreicht werden, wenn die Hunde auch eine Arbeitsqualifikation erworben haben.

Kapitel 6
ZUCHT

ZÜCHTEN ODER NICHT? Ich kenne keinen einzigen Grund, warum ein Liebhaberhundebesitzer einen Wurf Border Collies züchten sollte. Es gibt bereits jetzt ringsum viel zu viele armselige Border Collies. Nach meiner Meinung sollte die Zucht Spezialisten überlassen bleiben, die auf diesem Gebiet sehr viel Erfahrung haben, nach einem sorgfältig geplanten Zuchtprogramm arbeiten, das Ziel verfolgen, gesunde, typische Hunde zu züchten, die sich besonders im Wesen auszeichnen.

Aus diesem Grunde möchte ich an dieser Stelle die Gesichtspunkte aufzeigen, die dafür sprechen, eine Hündin kastrieren zu lassen. Man braucht sie dann nicht mehr alle sechs Monate während der Hitze über drei Wochen von anderen Hunden - Rüden - zu trennen. Gebärmutterprobleme und Milchleistentumore im späteren Leben werden sehr viel weniger wahrscheinlich. Es kommt auch zu keinen Scheinträchtigkeiten und zu entsprechenden Auswirkungen auf die Stimmung der Hündin, an denen nichtkastrierte Hündinnen leiden. Tatsächlich behält sie alle guten Qualitäten einer Hündin ohne deren weniger angenehmen Seiten.

Eine weitere Anmerkung - wird zufälligerweise Deine Hündin während der Hitze gedeckt, muß sie den Wurf nicht austragen. Ein Besuch innerhalb von 24 Stunden beim Tierarzt, eine einfache Injektion unterbindet die Schwangerschaft.

Was das Kastrieren von Rüden angeht, ist es in aller Regel der Mann in der Familie, der entscheidet, daß der Rüde nicht kastriert werden darf. Wenn Du das Thema erstmals ansprichst, wird die Mehrheit der Männer sich schmerzhaft berührt zeigen und sagen: »Oh, das könnte ich meinem Hund nicht antun!« Tatsache ist aber, daß die meisten Border Collie Rüden auch kastriert völlig zufrieden sind. In einigen Fällen führt die Kastration sogar zur Lösung besonderer Verhaltensstörungen. Keinesfalls solltest Du den Fehler machen, Deinen Rüden einfach einmal decken zu lassen. Dies ist eindeutig ein Fall aus der Kategorie: »Was ich nicht kenne, kann mir nicht fehlen«. Läßt Du Deinen Rüden einmal decken, könnte es zu unvorhergesehenen Problemen hinsichtlich Aggression, Streunen und Kämpfen führen.

DIE ZUCHTHÜNDIN Willst Du Deine Hündin noch immer zur Zucht einsetzen, solltest Du vor der abschließenden Entscheidung noch einiges mehr überlegen. Die Hündin muß gesund sein, ein typischer Repräsentant der Rasse, frei von erblichen Erkrankungen. Beim Border Collie bedeutet dies, daß zunächst Teste durchgeführt werden müssen auf *Collie Eye Anomaly (CEA)* und *Progressive Retina Atrophy (PRA)*. Beide Erbkrankheiten können Blindheit auslösen.

Weiterhin muß die Hündin auf Hüftgelenksdysplasie (HD) geröntgt werden, auch dies ist erblich. Das Röntgen erfordert eine Vollnarkose. Die Röntgenaufnahmen werden vom Tierarzt zu einem Expertenteam geschickt, das die Stellung der Hüften auswertet, den Grad der HD feststellt. Ist Deine Hündin von allen vorstehenden Krankheiten frei, kannst Du tatsächlich darüber nachdenken, sie decken zu lassen.

Das früheste Alter, zu dem eine Hündin gedeckt werden sollte, ist die dritte Hitze, wenn sie etwa zweieinhalb bis drei Jahre alt ist. Spätester Zeitpunkt, zu dem eine Hündin ihren ersten Wurf gehabt haben muß, ist etwa sechs Jahre, keinesfalls danach!

RÜDENWAHL Am ratsamsten ist es, sich vom Züchter der eigenen Hündin, der die

OBEN: Guter anatomischer Aufbau und sicheres Wesen sind die wichtigsten Voraussetzungen für Zuchthunde.

VISAVIS: Bei dem Aufbau des Zuchtprogramms sollte man immer einen Rüden wählen, der zu der Hündin paßt. Zobelfarben mit Weiß ist beim Border Collie eine verhältnismäßig seltene Farbe.

UNTEN: Die Mutter muß alle ihre Welpen über die ersten Tage voll betreuen, pflegen und ernähren. Fotos: Carol Ann Johnson.

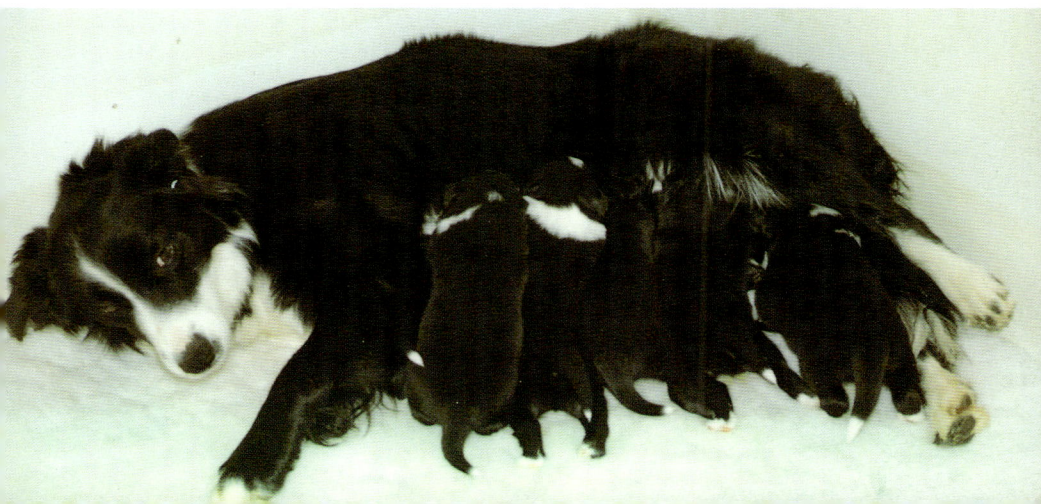

BORDER COLLIE

Abstammung genau kennt, beraten zu lassen. Er kann möglicherweise einen passenden Rüden empfehlen. Die Zuchtvereine haben eigene Zuchtberater. Widerstehe unbedingt der Versuchung, einfach einen Rüden zu wählen, der in der Nähe wohnt, auch der Rüde, der im Ausstellungsring viel siegt, ist nicht immer der richtige. Es gibt wichtigere Überlegungen wie passende Blutführung, Bewertung von Vorzügen und Fehlern, die angestellt werden müssen. Nach der Wahl mußt Du alle Einzelheiten mit dem Rüdenbesitzer absprechen, damit alles geregelt ist, wenn die Hündin heiß wird.

DIE HEISSE HÜNDIN Vom Beginn der Hitze an muß man die Hündin sorgfältig beobachten. Schon vor Eintreten der Hitze sollte sie entwurmt sein. Aus den Beobachtungen der vorangegangenen Hitzen solltest Du ungefähr wissen, wie sie sich benimmt - Lecken der Vulva, häufigeres Urinabsetzen, Ausfluß, der sich von dunkelrot zu blutrot und nahezu farblos verändert. Der erste Hitzetag wird als der gezählt, an dem die erste Blutung auftritt. Zu diesem Zeitpunkt sollte man auch den Rüdenbesitzer über den voraussichtlichen Decktermin informieren.

Im allgemeinen dauert die Hitze drei Wochen, aber nur über wenige Tage sind befruchtungsfähige Eier vorhanden, in der Regel zwischen dem neunten und dreizehnten Tag. Zu diesem Zeitpunkt läßt sich die Hündin auch decken. Legst Du die Hand über die Rutenwurzel, hebt sie - deckbereit - die Rute an und dreht sie zur Seite. Zu diesem Zeitpunkt verändert sich der Ausfluß in der Regel von blutrot in strohfarben, aber alle diese Anzeichen sind von Hündin zu Hündin verschieden. Dringend empfohlen wird das Buch: *Dr. D. Fleig, DIE TECHNIK DER HUNDEZUCHT.*

DIE PAARUNG Im allgemeinen bringt man die Hündin zum Rüden, denn in heimischer Umgebung fühlt sich der Rüde sicherer. Obwohl Hunde meist das tun, was die Natur ihnen vorschreibt, ist es nicht immer so einfach. Alle Paarungen müssen deshalb überwacht werden. Wenig ratsam ist das Zusammenbringen von einer jungfräulichen Hündin mit einem unerfahrenen Rüden - zumindest ein Teil des Paares sollte Erfahrungen haben. In der Regel werden die Hunde angeleint mit einander vertraut gemacht, ist alles in Ordnung, sollte man sie ableinen. Wenn der Rüde die Hündin deckt, bittet der Rüdenbesitzer meist den Hündinnenbesitzer, die Hündin am Halsband festzuhalten, während er sich selbst um den Rüden kümmert. Nach der Paarung kommt es zu dem typischen »Hängen«. Oft dauert diese Stellung etwa zwischen 5 und 30 Minuten - zuweilen sogar länger. Man muß die Hunde beruhigen, ihnen gut zureden und abwarten, bis alles zu Ende ist.

Haben sich die Hunde wieder getrennt, erhält die Hündin etwas zu trinken, wird zum Auto zurückgebracht, auf dem Weg dorthin sollte sie nicht urinieren. Nach der Rückkehr muß unbedingt darauf geachtet werden, daß die Hündin bis zum wirklichen Ende ihrer Hitze mit keinem anderen Rüden in Kontakt kommt.

DIE TRAGEZEIT Ist die Paarung erfolgreich, erwartet man nach etwa 63 Tagen Welpen. Frühdiagnose ist heute mit Ultraschall möglich. Die Schallwellen werden dabei auf einem Schirm gespiegelt, Ultraschalluntersuchungen sind schon nach drei Wochen möglich, geben Auskunft über die voraussichtliche Welpenzahl. Einige Züchter schwören auf Ultraschall, andere lassen der Natur einfach ihren Lauf. Während der Tragezeit braucht die Hündin besonders gutes Futter. Bei richtiger Zusammenstellung sind keine zusätzlichen Vitamine oder andere Beimischungen notwendig. Füttere Fleisch, Fisch, Eier und Käse. Ich verabreiche auch gerne grüne

ZUCHT

Blätter, Löwenzahn, Wasserkresse, Sellerie, Knoblauch, alles fein gehackt. Diese Blätter sind voller Vitamine und Mineralien. Gegen Ende der Tragezeit bekommen meine Hündinnen auch etwas Honig in ihre Trinkmilch.

WURFZIMMER Jetzt kommt die Zeit, wo Du festlegen mußt, wo die Welpen geboren werden sollen. Die Hündin braucht einen Platz, wo sie sich entspannen, ohne Störungen ihre Welpen werfen kann. Ein leeres Zimmer wäre das ideale, dabei bleibt sie Bestandteil der Familie, hat dennoch den notwendigen Frieden und Ruhe mit ihren Welpen. Du brauchst eine Wurfkiste, 90 cm lang, 60 cm breit, drei Wände 46 cm hoch, die Vorderwand 15 cm hoch.

Etwa eine Woche vor der Geburt sollte Deine Hündin an die Kiste gewöhnt werden. Es gibt hierfür verschiedene Einlagen, von alten Tageszeitungen und alten Hemden bis eigens industriell hergestellte Einlagen. Für die Geburt selbst sind alte Zeitungen unter einem alten Tuch das Beste. Nach der Geburt kann man sie wegnehmen und verbrennen, danach macht es sich die neue Familie auf sauberen Unterlagen bequem. Bei den Einlagen muß man darauf achten, daß die Welpen sich mit ihren winzigen Krallen nicht verfangen können, die Einlage waschbar ist. Beim Ausspülen keine desinfizierenden oder parfümierten Weichspüler verwenden. Alle Welpen werden blind und taub geboren, nur über die Nase finden sie ihren natürlichen Weg zur Milchquelle, deshalb darf nichts das Riechvermögen stören.

Drei Wochen alt geworden, brauchen die Welpen mehr Platz zum Spielen. Am besten kauft man einen Welpenauslauf, man kann ihn innen und außerhalb des Hauses aufstellen. Welpen dürfen nie frei im Garten laufen, es sei denn richtig überwacht. Es lauern zu viele Gefahren, von kleinen Steinen, die der Welpe verschlucken könnte, bis zu giftigen Pflanzen zum Fressen und Treppen zum Hinunterstürzen.

DIE GEBURT Der Neuling sollte am besten einen erfahrenen Züchter bitten, während der Geburt dabei zu sein. Vor der Geburt sollte man auch vorsorglich den Tierarzt unterrichten, für den Fall einer Notlage seine Telefonnummer zur Hand haben. Wenn alles normal verläuft, beginnt die Hündin eventuell bereits eine Woche vor der Geburt etwas weniger Futter aufzunehmen, sie fängt an, die Einlagen zu zerreißen, versucht ein Nest zu bauen, wird mehr und mehr ruhelos. Vor der Geburt fällt die Körpertemperatur von etwa 38,6°C bis auf 36,7°C, ein Vorzeichen, daß die Geburt innerhalb von etwa 12 Stunden eintritt. Man achte darauf, daß sich die Hündin lösen kann, denn nach der Geburt bleibt sie sehr gerne bei ihren Welpen. Manche Hündinnen gebären im Stehen, manche seitlich liegend. Als erstes kommt die Fruchtblase, allerdings bricht sie manchmal auch bereits im Geburtskanal auf. Die meisten Welpen werden in der Fruchtblase, mit dem Kopf voran geboren, die die Hündin mit den Zähnen aufreißt. Auch die Nabelschnur, die den Welpen mit der Nachgeburt verbindet, wird von der Hündin abgetrennt. Die meisten Hündinnen fressen die Nachgeburt. Bei einer erfahrenen Hündin geht dies alles sehr schnell. Erstlingshündinnen können aber auch, wenn der erste Welpe austritt, eine Art Schock erleiden, manchmal ist menschliche Hilfe notwendig, um den Welpen aus der Fruchtblase zu lösen, die Nabelschnur zu durchtrennen. Danach erwachen meistens die natürlichen Instinkte, erledigt die Hündin mit den übrigen Welpen alles alleine.

Was die Abstände angeht, sind alle Geburten etwas unterschiedlich. Es kann eine halbe Stunde und länger dauern, manchmal aber auch sehr schnell gehen. Hat die

OBEN: Der Welpe, zwei Tage alt, ist noch blind und taub, vermag aber schon tüchtig zu krabbeln. Die Entwicklungsgeschwindigkeit der folgenden Wochen ist erstaunlich.

UNTEN: Vier Wochen alter Welpe, alle Sinne sind voll entwickelt. Jetzt ist der Zeitpunkt, daß sich bereits der individuelle Charakter des Hundes zeigt.
Fotos: Carol Ann Johnson.

OBEN: Wenn die Welpen erst einmal selbst fressen, sind sie auf dem Weg der Selbständigkeit schon weit voran.
Foto: Carol Ann Johnson.

UNTEN: Sechs Wochen alter Welpe, bereit die ganze Welt zu erforschen.
Foto: John Sellers.

BORDER COLLIE

Hündin über längere Zeit starke Wehen, ohne einen Welpen zu gebären, fühlt sie sich offensichtlich unter Streß, sollte man sofort den Tierarzt rufen. Nach der Geburt ist es auch immer ratsam, den Tierarzt darum zu bitten, Hündin und Welpen zu kontrollieren. Achte darauf, daß alle Welpen gut trinken. Alles was für Dich zu tun bleibt, ist, der Hündin in den ersten Stunden eine Mischung aus Honig (oder Glukose) mit Wasser oder Milch anzubieten. Dann werden die Einlagen gewechselt, bekommt die ganze neue Familie ein frisches Lager, dem folgt eine verdiente Ruhepause.

Wichtig für *jeden Hundezüchter!* Machen Sie sich mit allen Geschehnissen rings um die Geburt vertraut, lesen Sie *Dr. D. Fleig* - *DIE TECHNIK DER HUNDEZUCHT*.

NACH DER GEBURT Über einige Tage wird die Hündin auf leichte Diät gesetzt. Wenn sie die Nachgeburten gefressen hat, kann dies Durchfall auslösen. Fisch, Huhn oder Eier mit gekochtem Reis sind ideal für sie. Während des Säugens braucht die Hündin täglich drei gute Mahlzeiten. Wenn die Welpen selbst zu fressen beginnen, sollte man ihre Mahlzeiten langsam auf die früheren Mengen reduzieren. Beifütterung der Welpen beginnt meistens mit drei Wochen.

AUFZUCHT DER WELPEN Über die ersten Tage wirst Du schnell erkennen, welch harte Arbeit die Mutter mit all dem Füttern und Reinigen ihrer Welpen zu leisten hat. Etwa mit einer Woche werden die kleinen Nägel nadelspitz, können die Hündin verletzen. Alles, was zu tun ist, ist die winzige Spitze jedes einzelnen Nagels mit einer Nagelschere abzuschneiden. Dabei muß man sehr aufpassen, nicht zu stark in den Nagel zu schneiden, denn dadurch würden Schmerz und Blutung ausgelöst. Etwa mit zehn bis zwölf Tagen öffnen sich die Augen der Welpen, die erste Wurmkur erfolgt etwa mit drei Wochen. Am besten läßt man sich vom Tierarzt die passenden Medikamente geben. Für die korrekte Dosierung muß jeder Welpe gewogen werden.

WEITERE AUFZUCHT Je nach Wurfgröße und Milchvorräten der Hündin beginnen die meisten Züchter mit dem Beifüttern etwa ab drei Wochen. Entweder beginnt man mit feinem Schabefleisch, vermischt mit eingeweichter Welpenspezialmischung, oder nur mit einem industriell vorgefertigten Spezialwelpenfutter. Dies ist der Zeitraum, wo nur beste Fütterung angezeigt ist. Jeder Züchter schuldet seinen Welpen, ihnen einen optimalen Start ins Leben zu ermöglichen. Entscheidest Du Dich für eine Welpenkomplettnahrung, darfst Du keinerlei Zusätze oder Vitamine beifügen. Entscheidest Du Dich für rohes oder gekochtes Fleisch mit Zerealien, Gemüse und Milch, empfehle ich zusätzlich Kalziumbeigabe und Seetangpulver, entsprechend den Anweisungen der Hersteller. Den Milchmahlzeiten gebe ich immer Honig zu. Über die nächsten drei Wochen wird Umfang und Anzahl der Mahlzeiten laufend erweitert. Ist der Wurf fünf Wochen alt, erhalten die Welpen täglich vier Mahlzeiten. Jetzt darf die Hündin auch auf immer längere Zeiten die Welpen verlassen, dadurch erhalten sie von ihr langsam immer weniger Milch.

Mit der Fütterung der Welpen beginnt die ideale Zeit zur Sozialisierung der Hunde auf den Menschen. Die Welpen gewöhnen sich ans Angefaßtwerden, hören alle die verschiedenen Geräusche im Haushalt, etwa Fernsehen, Radio, Staubsauger und Waschmaschine. Wenn die Welpen dann mit sieben oder acht Wochen das Haus verlassen, muß man den neuen Besitzern immer einen genauen Futterplan mitgeben, auch genügend Futter für die ersten Mahlzeiten. Auf diese Art kann sich der Welpe erst an seine neue Umwelt gewöhnen, muß nicht gleichzeitig auch eine Ernährungsumstellung hinnehmen.

Kapitel 7
GESUNDHEITSFÜRSORGE

GESUNDHEITSKONTROLLEN Bei der Fellpflege Deines Border Collies, die zumindest einmal wöchentlich erfolgen sollte, ist die ideale Gelegenheit, den Hund insgesamt zu überprüfen. Werden Probleme bereits im Frühstadium festgestellt, kann man meist ernsthaftere Entwicklungen sofort unterbinden.

Beim Bürsten und Kämmen tastet man mit den Händen den ganzen Hundekörper ab. Auf diese Art entdeckt man schnell jede Abweichung oder gar ein Wundwerden der Haut. Durch diesen Kontakt bei der Pflege weißt Du auch schnell, wenn sich Dein Hund nicht wohlfühlt. Ein gesunder Hund hat eine feuchte, kalte Nase, klare, leuchtende muntere Augen, seidiges Haarkleid, ist lebhaft und aufmerksam. Ein sich unwohl fühlender Hund dagegen hat häufig eine warme trockene Nase, die Augen sind stumpf, das Fell verliert seinen gesunden Glanz. Wenn Du weißt, was bei Deinem Hund normal ist, entdeckst Du schnell jede Veränderung im Aussehen oder Verhalten. Auch eine Mutter weiß instinktiv, wenn ihr Kind krank wird. Das selbe sollte für den Hund und seinen Besitzer gelten.

ZÄHNE: Zähne sollte man regelmäßig reinigen, um Zahnstein zu verhindern, den Atem geruchfrei zu halten. Es gibt eine Anzahl vorzüglicher Hundezahnpasten, man erhält sie im Fachgeschäft oder vom Tierarzt. Wenn Du nur einmal wöchentlich die Zähne putzt, schützt dies in aller Regel vor irgendwelchen schwereren Zahnsteinentfernungen im späteren Leben, wozu man zuweilen sogar einen Hund in Vollnarkose legen muß.

Für die Hundezähne sind große Markknochen vorzüglich. Jeder Hund freut sich am Kauen und Benagen des Knochens, dies hält auch die Zähne sauber. Man sollte den Hund mit seinem Knochen aber immer überwachen. Keinesfalls darf der Hund gekochte Knochen haben, etwa Hühner- oder Schweineknochen, denn diese splittern leicht. Wird ein scharfer Knochensplitter heruntergeschluckt, könnte dieser möglicherweise den Magen- oder Darmbereich des Hundes perforieren.

OHREN: Die Hundeohren müssen immer angenehm riechen, es sollte kein braunes Ohrenschmalz auftreten. Ohrmilben können Probleme auslösen, irritieren den Hund, so daß er laufend an dem betroffenen Ohr kratzt. Vom Tierarzt verschriebene Ohrtropfen werden diese Milben schnell beseitigen.

KRALLEN UND PFOTEN: Die Pfoten sollten immer auf die Länge der Nägel und eventuelle Schnittwunden in den Ballen kontrolliert werden. Zu lange Krallen müssen gekürzt werden. Fast in allen Fachgeschäften erhält man Nagelzangen. Möglicherweise mußt Du Deinen Tierarzt oder den Züchter fragen, wie diese am besten verwendet werden, denn die meisten Hunde lassen sich ungern die Krallen kürzen. Jeder Nagel hat in der Mitte ein von oben nach unten verlaufendes »Leben«. Schneidet man zu tief in den Nagel, wird diese Zone angeschnitten, sie blutet, schmerzt, bereitet dem Hund Unbehagen. Bei weißen Nägeln läßt sich das *rosa Leben* leicht erkennen, weiß man, wie weit es zurückliegt, um sicher zu schneiden. Bei schwarzen Nägeln ist es immer mehr eine Frage der persönlichen Erfahrung. Wenn Du es nicht genau erkennst, immer nur ein ganz kleines Stück abschneiden, nach zwei oder drei Wochen dasselbe wiederholen, in der Zwischenzeit hat sich *das*

GESUNDHEITSFÜRSORGE

OBEN: Grundwerkzeug für die Fellpflege einschließlich Kämme, Bürsten, Scheren, Nagelzange, Zahnbürste, Zahnspachtel und Hundeshampoo.

SEITE VISAVIS: Wenn Du einen Hund ins Haus holst, bist Du für seine Gesundheit und sein Wohlbefinden über das ganze Leben voll verantwortlich.

RECHTS: Regelmässig müssen die Krallen geschnitten werden. Achte darauf, nicht zu tief zu schneiden.

Fotos: Carol Ann Johnson

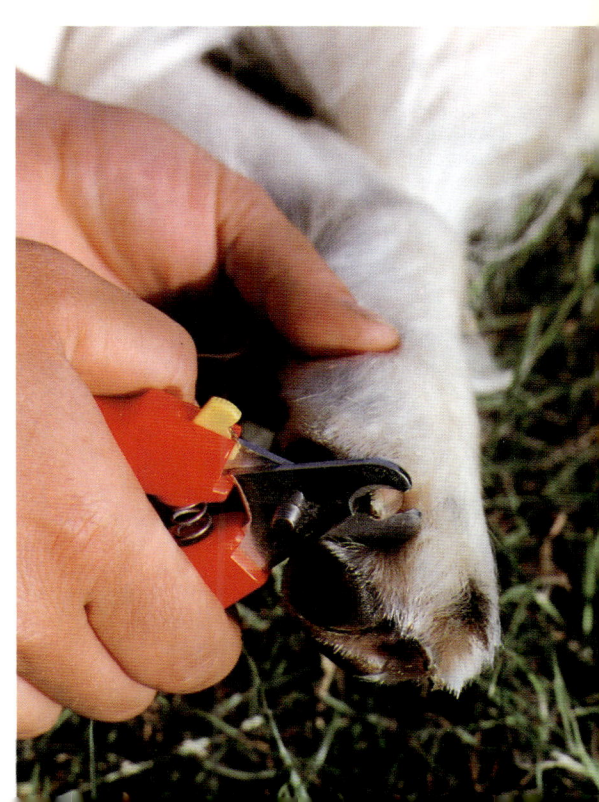

BORDER COLLIE

Leben etwas zurückgebildet.

EXTERNE PARASITEN Bei der Fellpflege ist es immer wichtig, den Hund auf Freisein von externen Parasiten wie Flöhe, Läuse und Zecken zu kontrollieren.

Flöhe: Dies sind kleine braune Insekten, können die Haut des Hundes stark reizen. Gewöhnlich findet man sie im Bereich von Hals und Kopf oder rund um die Rutenwurzel, auch am Bauch. Oft findet man Flohkot, auch wenn man die Flöhe selbst nicht entdeckt. Der Kot besteht aus kleinen, schwarzen, sandartigen Körnchen, die auf der Hundehaut zu sehen sind.

Heute gibt es zahlreiche Flohpräparate auf dem Markt, trotzdem bittet man am besten den Tierarzt um das passende Medikament. Man darf nicht nur den Hund behandeln, sondern muß auch das Hundelager und den Bereich ringsum mit einem Insektizid nachhaltig reinigen und desinfizieren.

Läuse: Dies sind winzige braune Insekten, die sich meist rund um Hals und Ohren ansammeln. Durch ein passendes Spray lassen sie sich leicht behandeln. Sie leben nur auf dem Hund, nicht im Hundebett und Umfeld.

Zecken: Dies sind winzige braune Insekten, vollgesaugt etwa von der Größe einer gekochten Bohne. Wenn Du sie erstmals entdeckst, sind sie meist mit dem Blut Deines Hundes voll gesaugt. Meist findet man sie rund um Kopf, Brust, Hals und Schulterbereich. Mit ihren Greifwerkzeugen bohren sie sich in die Hundehaut, saugen Blut. Voll gesaugt fallen sie ab, liegen dann am Boden, warten für die nächste Mahlzeit auf einen anderen Gastgeber.

Versuche nie, eine Zecke herauszureißen, denn meist bleibt der Kopf in der Hundehaut, wodurch leicht Abszesse entstehen. Die beste Behandlung ist ein Ausdrehen mit der Zeckenzange. Besonders häufig findet man Zecken auf Schafweiden und im Wald.

INTERNE PARASITEN Wie bereits in Kapitel 3 aufgeführt, sollte man die Hunde entweder kontinuierlich alle sechs Monate entwurmen oder regelmäßig den Stuhlgang vom Tierarzt untersuchen lassen. Die notwendigen Wurmkuren erhält man am zweckmäßigsten vom Tierarzt.

IMPFUNGEN Gegen alle ansteckenden Krankheiten - wie in Kapitel 3 aufgeführt - sollte der Hund regelmäßig geimpft werden. Nach der Erstimpfung im Welpenalter muß der Hund alle zwölf Monate erneut geimpft werden.

KRANKHEITEN
Allergien: Gegen eine Vielzahl von Dingen kann ein Hund allergisch reagieren, von Wolle und Nylon bis zu Pflanzen, Gras, Staub und vielem anderen. In vielen Fällen ist der Bauchbereich betroffen, die Haut erscheint rot und entzündet, es entsteht starker Juckreiz. Auch Brust und Läufe werden leicht befallen. Die Behandlung kann schwierig sein, denn man muß die Ursache der allergischen Reaktion herausfinden, sie aus der Umwelt des Hundes entfernen. Dies ist meist leichter gesagt als getan. Bis zur Beseitigung der Allergieursache kann der Tierarzt Tabletten zur Minderung der Entzündung und des Juckreizes verschreiben, auch Injektionen geben. Wichtig ist die Aufklärung der Ursache, eventuell durch einen Allergietest.

GESUNDHEITSFÜRSORGE

Analdrüsen: Die Analdrüsen des Hundes liegen beidseits des Afters. Es kommt zu Störungen, wenn sich die Beutel beim Kotabsetzen des Hundes nicht entleeren. Im Analbeutel sammelt sich dann Flüssigkeit, es kommt zu Juckreiz und Entzündungen. Häufig beißt der Hund in Richtung After oder rutscht mit dem Po am Boden entlang. Durch Druck kann der Tierarzt die Analbeutel entleeren, eine verhältnismäßig leichte Aufgabe, die Du Dir selbst zeigen lassen solltest. In hartnäckigen Fällen wird eine Entfernung der Analdrüsen empfohlen.

Blasenentzündung: Die ersten Symptome für das Auftreten einer Blasenentzündung ist häufiges schmerzhaftes Urinieren. Am besten konsultiert man den Tierarzt für eine passende Behandlung, zur Diagnose ist erforderlich, daß Du bereits eine Urinprobe mit in die Sprechstunde bringst.
Hierfür hält man dem Hund beim Urinieren ein kleines Gefäß unter, schüttet den Urin dann in eine kleine Flasche. Für seine Diagnose braucht der Tierarzt nur eine geringe Menge.

Durchfall: Grundregel bei Durchfall ist, den Hund 24 Stunden fasten zu lassen, wobei ihm während dieser Zeit ständig frisches Trinkwasser zugänglich sein muß. Beginnt man wieder mit der Fütterung, gibt man zunächst kleine, leichte Mahlzeiten aus Fisch oder Huhn, mit gekochtem Reis.
Eine solche Diät über mehrere Tage reicht in aller Regel aus, um den Hund voll auszuheilen. Hört der Durchfall nicht auf, insbesondere wenn Blutspuren auftreten, sollte man sofort den Tierarzt aufsuchen.

Hitzschlag: Ein Ereignis mit häufig tödlichem Ausgang, das viel zu häufig eintritt, wenn Hunde unbeaufsichtigt in verschlossenen Autos zurückgelassen werden. Selbst bei einem bedeckten Tag kann sich im Autoinneren die Temperatur sehr schnell aufheizen. Ist ein Hund überhitzt, muß die Körpertemperatur schnell abgesenkt werden, andernfalls könnte der Hund sterben.
Die schnellste und effektivste Behandlung ist es, den Hund mit kaltem Wasser zu übergießen, alternativ Beutel mit gefrorenen Lebensmitteln auf den Körper zu legen. Sobald die Körpertemperatur absinkt, muß der Hund zur Kontrolle zum Tierarzt gebracht werden.

Zwingerhusten: Eine hoch infektiöse Krankheit. Erste Anzeichen sind Husten, wichtig ist es, den Hund zu isolieren, den Tierarzt einzuschalten. Beim Besuch in der Tierarztpraxis darf man mit dem Hund nicht ins Wartezimmer, sollte vorher telefonisch direkt den Zugang in den Behandlungsraum erbitten. Möglicherweise kontrolliert der Tierarzt den Hund auch lieber draußen im Auto.
Zwingerhusten tritt meist nach großen Ansammlungen anderer Hunde auf, beispielsweise in Tierheimen, Tierpensionen und auf Hundeausstellungen. Das erste Anzeichen der Erkrankung besteht darin, wenn der Hund nach dem Auslauf oder nach größerer Erregung hustet. Häufig verstehen Hundebesitzer dies falsch, nehmen an, der Hund habe etwas in die Kehle bekommen.
Die Behandlung erfolgt in der Regel mit Antibiotika. Der Hund muß warm, ruhig und trocken gehalten werden, dies hilft zur schnellen Genesung. Es gibt Impfungen gegen Zwingerhusten.
Die meisten Tierpensionen bestehen darauf, daß der Hund vor der Annahme geimpft wurde.

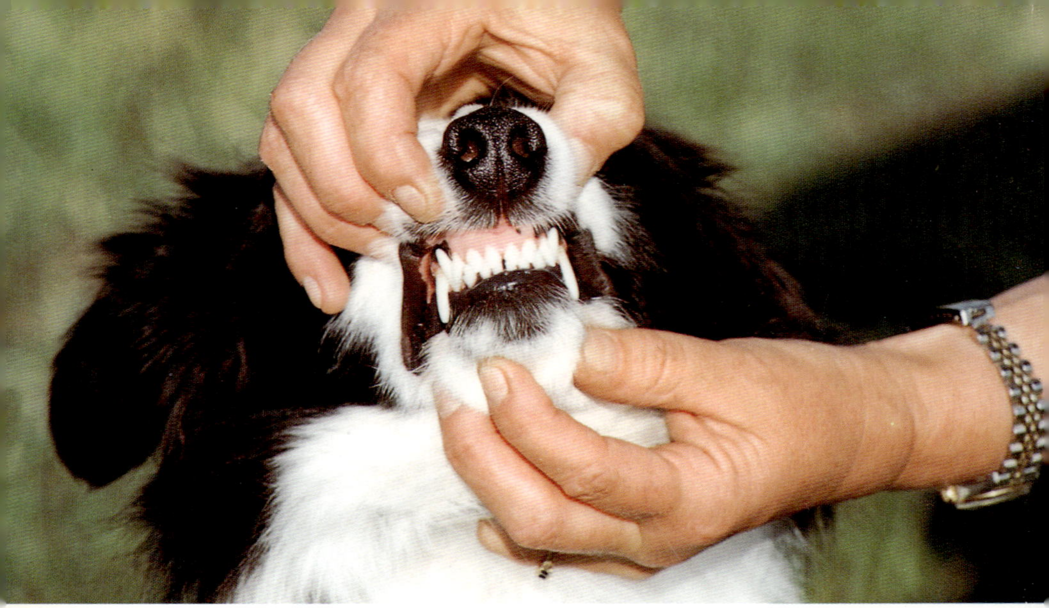

OBEN: Ausgewachsene Border Collies müssen 42 Zähne haben. Zahnstellung ist immer ein Scherengebiß, wobei die Schneidezähne des Oberkiefers die Schneidezähne des Unterkiefers vorn überlappen.

UNTEN: Etwa im Alter von vier Monaten beginnt der Zahnwechsel. In dieser Zeit sind Zahnfleisch und Gaumen wund und entzündet. Deshalb sollte man mit dem Hund in dieser Zeit vorsichtig umgehen.

Fotos: Carol Ann Johnson.

OBEN: Durch regelmäßiges Bürsten mit einer Zahnbürste sollten die Zähne sauber gehalten werden, am besten benutzt man eine Zahnpasta für Hunde.

RECHTS: Bei stärkerem Zahnstein muß dieser mit einem Zahnschaber entfernt werden, eventuell durch den Tierarzt.

Fotos: Carol Ann Johnson.

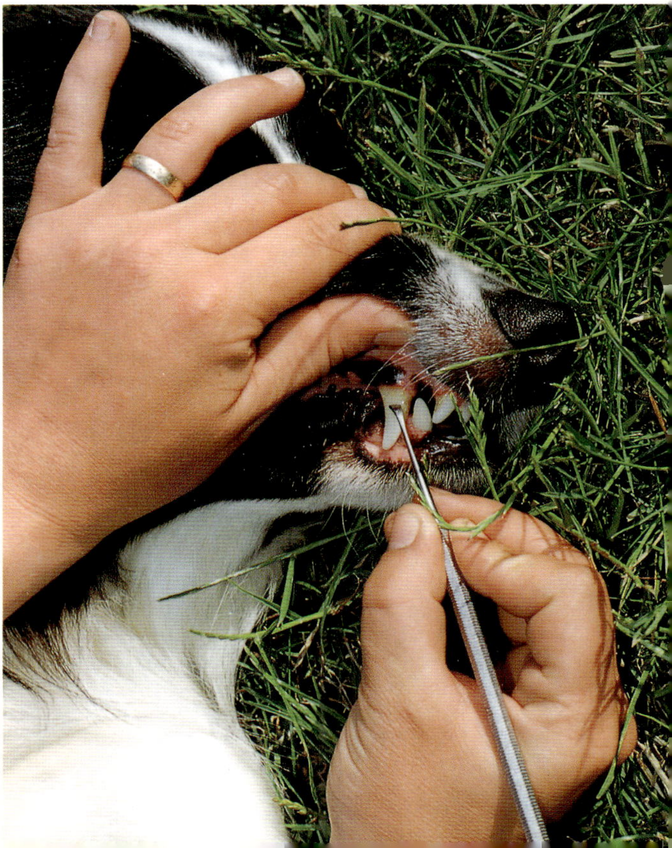

BORDER COLLIE

RÄUDE Wir unterscheiden zwei Räudearten, Sarcoptisräude und Demodexräude.
Sarcoptisräude: Diese kann in jedem Alter auftreten, ist bei Welpen aber verbreiteter. Hierbei lebt eine Räudemilbe in der Haut, löst Juckreiz aus. Dies veranlaßt den Hund zum Kratzen, dadurch entzündet sich die Haut, tritt Haarverlust auf.
Am häufigsten befallen sind die Bereiche um den Fang, die Ohren, den Bauch und an den Läufen. Zur Kontrolle nimmt der Tierarzt ein Hautgeschabsel. Zum Abtöten der Milben werden meist Waschungen mit Antiinsektiziden empfohlen. Achte darauf, Sarcoptisräude ist hoch ansteckend. Jeder infizierte Hund muß isoliert bleiben.

Demodexräude: Nicht so verbreitet wie Sarcoptisräude, befällt diese Erkrankung meist Junghunde bis zu neun Monaten. Die Milben leben in den Haarfollikeln. An Gesicht, Brust und Läufen treten nach und nach kahle Stellen auf. Die Behandlung erfolgt mit speziellen Bädern gegen Parasiten und mit Antibiotika. Anderen Hunden gegenüber ist dieser Räudetyp nicht infektiös.

MAGENUMDREHUNG: Kennzeichen für diese Erkrankung ist Gasbildung im Magen, der Verdauungstrakt dreht sich. Dadurch werden Mageneingang und Magenausgang mit weiterer Schwellung abgeschnürt. Um bei dieser Erkrankung das Leben des Hundes zu retten, bedarf es innerhalb von 30 Minuten nach Ausbruch tierärztlicher Behandlung. Border Collies sind gegen diese Erkrankung wesentlich weniger anfällig als einige größere und schwerere Rassen. Um trotzdem Vorsicht walten zu lassen, sollte der Hund nach der Fütterung zumindest etwa eine halbe Stunde ruhen.

STICHE: Versuche Deinem Hund abzugewöhnen, nach Bienen und Wespen zu schnappen. Hunde finden Wespen und Bienen nahezu unwiderstehlich, schon von früher Jugend an sollte man ihnen dies abgewöhnen. Wird der Hund trotzdem von einer Biene gestochen, muß man den Stachel suchen und herausziehen. Der Bereich wird mit einem milden Antiseptikum gebadet. Wird der Hund in den Fang gestochen, und es kommt zu Schwellungen, bedarf es sofortiger tierärztlicher Behandlung.

ERBKRANKHEITEN
EPILEPSIE: Diese Erkrankung ist nicht zwangsweise erblich, trotzdem ist nachgewiesen, daß sie in einigen Familienlinien verstärkt auftritt. Diese Erkrankung kann manchmal durch Medikamente beeinflußt werden.
Die Anfälle treten meist auf, wenn der Hund ruht oder schläft. Dabei verliert er das Bewußtsein, es kommt zu einer unbewußten paddelnden Bewegung der Läufe, auch die Kiefer bewegen sich, als wolle der Hund schnappen, starkes Sabbern. Zuweilen verliert der Hund auch die Blasenkontrolle. Obgleich ein solcher Anfall für den Besitzer manchmal recht schrecklich wirkt, weiß der Hund überhaupt nicht, daß etwas geschieht. Die meisten Anfälle dauern etwa 30 Sekunden bis zu einer Minute, wenn es auch häufig wie eine Ewigkeit erscheint.
Nachdem der Hund den Anfall überstanden hat, folgt zuweilen eine Periode von Hyperaktivität, wobei der Hund oft gegen Einrichtungsgegenstände läuft. In solchen Fällen sollte man versuchen, den Hund möglichst ruhig zu halten, damit er sich nicht verletzen kann. Hat er sich erholt, sollte man ihn zum Tierarzt bringen. Es ist wichtig, die Anfälle des Hundes genau zu beschreiben, da diese Informationen für den Tierarzt bei der Festlegung der Medikamente unersetzlich sind.

GESUNDHEITSFÜRSORGE

AUGENERKRANKUNGEN

PROGRESSIVE RETINAATROPHIE (PRA): Es handelt sich um einen Degenerationsprozeß in den lichtempfindlichen Schichten des Auges, der zu totaler Blindheit führen kann. Die Erkrankung ist schmerzlos, kann in jedem Alter auftreten. Die Diagnose des Tierarztes erfolgt durch ein Ophthalmoskop, mit dem die Rückseite des Auges kontrolliert wird.

Zwei Typen treten auf - generalisierte PRA - und zentrale PRA, letztere ist beim Border Collie sehr verbreitet. Über die Retina entwickeln sich pigmentierte Bereiche, dies führt zum Verlust detaillierten Sehvermögens, endet zuweilen in völliger Blindheit. Gegen diese Erkrankung gibt es keine Behandlung.

Alle Zuchthunde sind auf PRA zu kontrollieren, ergibt die Augenuntersuchung PRA-Befall, müssen die Tiere aus der Zucht ausgeschlossen werden.

COLLIE EYE ANOMALIE: Diese Erkrankung tritt bereits bei Geburt auf, läßt sich bei Welpen im Alter von sechs Wochen durch Teste feststellen. Betroffen sind ein oder beide Augen. Die Krankheit führt von eingeschränktem Sichtvermögen bis zur totalen Blindheit. In vielen Fällen gibt es keinen erkennbaren Verlust des Sichtvermögens. Aber durch eine veränderte Retina kann es zu völliger Blindheit kommen. Auch hier gibt es keine Behandlung. Alle Zuchthunde sind auf CEA zu kontrollieren, befallene Hunde müssen aus der Zucht ausgeschlossen werden.

HÜFTGELENKSDYSPLASIE (HD): Diese Krankheit tritt bei ziemlich vielen Rassen - einschließlich Border Collie - auf. Durch Röntgenuntersuchungen wird die Erkrankung festgestellt. In leichten Fällen gibt es keine Anzeichen, daß irgend etwas nicht in Ordnung ist, bis im späteren Leben Arthritis auftritt. Schwere Fälle erkennt man bereits an Welpen ab fünf Monaten. Es fällt auf, daß Aufstehen aus dem Sitzen schwerfällt, der Welpe hat auch Schwierigkeiten beim Laufen. In derartigen Fällen kann eine Operation helfen, eventuell wird eine ganze Hüfte ersetzt. Alle Zuchttiere sollten auf HD geröntgt werden, Tiere mit schlechten Ergebnissen werden aus der Zucht ausgeschaltet.

OSTEOCHONDRITIS DISSECANS (OCD): Hierbei handelt es sich um eine Knorpelmißbildung in bestimmten Gelenken. Am meisten tritt es im Schultergelenk einiger größerer Hunderassen auf, man findet es aber auch beim Border Collie. Es kann auch in anderen Gelenken auftreten, es ist umstritten, wodurch die Erkrankung auftritt. In einigen Linien scheint sie ererbt, aber auch übermäßige Bewegung und Überfütterung können dazu beitragen.

Bereits im Alter von vier Monaten kann ein Junghund befallen erscheinen, am häufigsten tritt die Krankheit zwischen sechs und neun Monaten auf. Der Hund geht lahm, Ursache ist ein vom Knochen abgebrochenes Stück Knorpel. Das Problem erkennt man beim Röntgen. In schweren Fällen ist ein chirurgischer Eingriff erforderlich, bei dem die Knorpelfragmente entfernt werden.

DER ALTE HUND In welchem Alter wird ein Hund zum Veteranen? Dies ist je nach Rasse sehr verschieden, auch innerhalb der Rasse von Hund zu Hund nicht gleich. Ein Hund kann mit acht Jahren bereits älter wirken, andere leisten ihre Arbeit Tag für Tag, auch noch im Alter von elf Jahren. Heute ist es bei Tierärzten gebräuchlich, Hunde ab sieben Jahre jährlich einer Gesundheitskontrolle zu unterziehen, am besten zusammen mit der jährlichen Wiederholungsschutzimpfung.

OBEN: Für die Gesundheit der Hunde ist es wichtig, regelmäßige Fellpflege, Entwurmung und jährliche Schutzimpfungen durchzuführen.

Foto: John Sellers.

VISAVIS: Der Border Collie ist ein fitter und robuster Hund, sehr wenig anfällig gegen Krankheiten.

UNTEN: Wird ein Hund älter, bedarf es entsprechender Anpassungen, insbesondere was Bewegung und Ernährung angeht.

Fotos: Carol Ann Johnson.

BORDER COLLIE

Was den Hundebesitzer angeht sollte er wissen, daß mit zunehmendem Alter alles etwas langsamer geht. Der Hund wird weniger aufmerksam, die Steifheit der Glieder macht die Bewegung langsamer, Hören und Sehen wird schwächer, dies alles führt dazu, daß der Hund auch auf Kommandos langsamer reagiert. Wird er gestört, ist der Hund zuweilen reizbar, schnappt sogar. Auch Schmerzen in seinen Gliedern können eine solche Reaktion auslösen. Man muß besonders den Kindern beibringen, den älteren Hund mehr in Ruhe zu lassen, eine gute Gelegenheit, den Kindern auch Respekt vor Alter und Schwäche beizubringen.

Im Leben des Hundes ist die Fütterungszeit meist der Höhepunkt, dies gilt besonders für den alten Hund. Deshalb ist es vernünftig, dem Hund jetzt dreimal täglich eine leichtere Mahlzeit zu geben, man muß aber sehr auf sein Gewicht achten.

Gerade ältere Hunde brauchen geistige Anregung, insbesondere wenn sie zuvor ein sehr aktives Leben hatten, etwa an der Herde arbeiteten oder sich in der einen oder anderen Disziplin wie Agility bewährten. Keinesfalls sollte man den Veteranen aus dem Sport zurückziehen, ihn dann ignorieren, seine ganzen Energien auf die Ausbildung von Jüngeren verlagern. Gerade der ältere Hund braucht Zeit und wird seinen Spaß daran haben, wenn er noch etwas leichtere Arbeit verrichten darf.

Denke daran, wenn man einen älteren Hund an der Leine ausführt, ist dies für ihn erzwungene Bewegung, genau in der gleichen Art wie für einen Junghund. Deshalb darf man den Hund dabei nicht ermüden. Kein Hund möchte umkehren, nach Hause laufen, bevor er es normalerweise tut - selbst wenn es jetzt für ihn das Beste wäre. Deshalb solltest Du Deine Spaziergänge darauf einrichten, kurze Rundwege wählen. Autofahrten sind eine gute Abwechslung in der Alltagsroutine, und Dein Hund wird es genießen, weiter fest in den Alltag eingebunden zu sein.

Pflege ist für den Veteranen besonders wichtig, man hat die beste Gelegenheit, etwaige Knotenbildung oder Wunden rechtzeitig zu entdecken. Besonders notwendig ist Zahnpflege, Kontrolle, daß der Atem rein bleibt. Man sollte die Zähne auch auf Karies kontrollieren.

Bequemlichkeit ist das Schlüsselwort. Dein älterer Hund braucht Wärme, Trockenheit und muß insbesondere nach einem Spaziergang völlig trocken gerieben werden. Ein warmer Schluck Milch mit Honig vor der Schlafenszeit wird vom Hund besonders geschätzt. Das allerwichtigste, Dein *Oldie* muß das Gefühl haben, daß er weiter erwünscht ist, darf sich nie zu Gunsten eines jüngeren Hundes vernachlässigt fühlen. Über sein ganzes Leben hat er versucht, das Beste zu tun. Jetzt verdient er die beste Pflege, die Du ihm geben kannst.

DER LETZTE SCHRITT Für die Hundebesitzer ist es eine traurige Tatsache, daß man die meisten Hunde einschläfern muß, anstatt sie natürlich sterben zu lassen. Ich hatte selbst nur zwei Hunde, die natürlich starben. Einer war 16 Jahre alt, er starb an einer schweren Herzattacke. Der andere, meine elfjährige Hündin, fühlte sich nicht wohl, aber es war nichts genaues festzustellen. Sie kam, setzte sich an meine Seite, und ich streichelte sie zart. Innerhalb von fünf Minuten war sie sehr friedlich eingeschlafen. In beiden Fällen konnte ich mir im Hinblick auf ihr Alter kein besseres Ende für sie vorstellen.

In den meisten Fällen steht der Hundebesitzer jedoch vor der Entscheidung, seinem Hund ein gnädiges Ende zu gewähren, wenn er sieht, daß das Leiden zu groß wird. Dies ist der Zeitpunkt, wo man die eigenen Gefühle unbedingt zur Seite lassen muß. Aus reinem Egoismus möchtest Du Dich nicht von Deinem alten Freund trennen, aber seine Lebensqualität ist so stark eingeschränkt, daß Du jetzt zuerst an

GESUNDHEITSFÜRSORGE

den Hund denken mußt.
Euthanasie erfolgt heute durch den Tierarzt, der eine Überdosis an Betäubungsmittel injiziert. Innerhalb von Sekunden wird der Hund bewußtlos, stirbt sehr friedlich. Für solche traurigen Aufgaben bitte ich immer den Tierarzt in mein Haus, denn der Hund fühlt sich in seiner eigenen Umgebung sehr viel entspannter. Auch wenn es nahezu das Herz bricht, ich weiß, wir schulden es unseren Hunden, sie bei der letzten Spritze fest in unseren Armen zu halten, ihnen zu helfen. Versuche, Deine Gefühle zu kontrollieren, gib Deinem Hund alle Hilfe, die er braucht - später ist noch sehr viel Zeit für Tränen.
Ich hoffe, nach dem ersten Schmerz wirst Du Dich all der guten Zeiten erinnern, die Du gemeinsam mit Deinem Hund verbrachtest. Dies wird Dir immer eine Quelle des Trostes sein.

Anne Rogers Clark/Andrew H. Brace

KYNOS GROSSER HUNDEFÜHRER

The International Encyclopedia of Dogs

Redaktion: Dr. Dieter Fleig

496 Seiten Großformat,
ca. 450 Farbfotos,
DM 110,--

In Zusammenarbeit führender Verlage in USA, England und Deutschland erscheint dieses umfassende Werk. Mit herausragenden Profi-Fotos und fachkundigem Text werden alle von FCI, English, American und Canadian Kennel Club anerkannten Hunderassen ausführlich vorgestellt.

Ein Traumteam der besten Hundekenner der Welt führt den Leser durch populäre wie auch nahezu unbekannte, dafür umso faszinierendere Rassen. Auch Rassen, die - noch - nicht anerkannt sind, kynologisch aber Bedeutung haben, wurden voll aufgenommen.

Aber nicht nur äußere Formen oder schöne Fotos zeigt dieser Führer, vor allem erfährt der Leser, ob die Rasse in ihrem Charakter, Bewegungsbedarf, Pflege und Haltungsanforderungen zu ihm paßt.

Diese Encyclopedia führt den richtigen Hund zum richtigen Hundefreund!

KYNOS VERLAG Dr. Dieter Fleig GmbH, Am Remelsbach 30,
D-54570 Mürlenbach Telefon: 0 65 94/6 53 - Telefax: 0 65 94/4 52